SAMUEL PAGÁN

PALABRA VIVA

ENTORNO HISTÓRICO, LITERARIO Y TEOLÓGICO DEL ANTIGUO TESTAMENTO

EDITORIAL CARIBE

© **1995 Editorial Caribe**
A division of Thomas Nelson
P.O. Box 141000
Nashville, TN 37217

ISBN 0-89922-568-3

3M 1095

Impreso en EE.UU.
Printed in the U.S.A.

3ª Impresión

E-mail: caribe@editorialcaribe.com

Dedicatoria

A los traductores y traductoras de la Biblia
en las Américas y a todas las personas
que aman el texto bíblico y viven
para actualizar su mensaje.

Contenido

Prefacio

La Biblia es un libro de importancia sin igual. Para los creyentes es sin duda la «Palabra de Dios». Y aun los no creyentes reconocen que contiene un gran tesoro de riquezas literarias y valores morales. Rechazar o ignorar la destacada contribución del mensaje bíblico en la historia sería no hacer justicia a la presencia de personajes, acontecimientos y pensamientos bíblicos, por ejemplo, en la literatura, la pintura y la música.

En la iglesia y la sinagoga la Biblia ha tenido siempre un lugar preponderante. Su lectura ha sido inspiración de individuos y comunidades: los predicadores y educadores han encontrado en sus páginas la fuente básica para el desarrollo de sermones y lecciones de moral y ética; y los teólogos han estudiado sus enseñanzas para descubrir las implicaciones contemporáneas de su mensaje. Los Salmos, en efecto, han edificado a muchos creyentes que, cuando pasan por «el más oscuro de los valles» han recitado sus poemas de fortaleza y confianza. El mensaje de los profetas ha retado conciencias dormidas y ha inspirado movimientos renovadores y liberadores en la historia. Además, la vida y ministerio de Jesús han sido el fundamento para la salvación de individuos y la transformación de comunidades.

La Biblia también ha estado presente en el mundo académico. El valor literario y la contribución ética del mensaje bíblico se han estudiado en círculos universitarios a través de la historia. El diálogo fecundo entre los estudiosos de la Biblia y los especialistas en sociología ha arrojado gran luz en la comprensión de pasajes complejos; y los estudios arqueológicos, históricos, culturales, lingüísticos y literarios han contribuido eficazmente a la interpretación y traducción de las Sagradas Escrituras.

En el debate político la Biblia también ha sido utilizada. En efecto, políticos de diferentes ideologías, tendencias y partidos utilizan algunas ideas y porciones de la Escritura para justificar posturas o avanzar sus causas. La autoridad de la Biblia, usada en esos contextos, generalmente se incorpora al discurso político, sin que se comprendan las domandas éticas y morales que los escritores sagrados reclaman de los líderes de los pueblos.

La popularidad de la Biblia también se ha puesto en evidencia en los medios de comunicación masiva. En todo el continente americano se pueden escuchar las voces de personas predicando el evangelio en miles de estaciones radiales; además, los teleevangelistas han popularizado las referencias a las Sagradas Escrituras en la televisión. El mensaje de la Biblia ha llegado a millones de personas a través de esos medios modernos de comunicación social.

El libro que el lector tiene en sus manos estudia el marco histórico, literario y teológico de la Biblia: la gran obra literaria universal que es capaz de inspirar creyentes, ser objeto de estudio sistemático en la universidad, captar la atención de líderes mundiales y ser difundida diariamente a través de la radio y la televisión.

El objetivo específico de este libro es explicar, en un idioma popular, las peculiaridades que sirven de contexto al Antiguo Testamento. Se analizan la historia, la literatura, el texto, el canon, la geografía y la teología que se manifiestan en sus páginas. Se explican aspectos de importancia capital para la comprensión adecuada del mensaje bíblico, pero que por su naturaleza técnica no se discuten en las congregaciones, o por consideraciones de tiempo no se explican en cursos introductorios a la Biblia.

En la elaboración de los temas a estudiar se ha incorporado el resultado de las investigaciones contemporáneas en torno a los estudios bíblicos. Particularmente el análisis sociológico y literario de las Escrituras. Estas metodologías, que pueden parecer noveles al lector laico, contribuyen sustancialmente a la comprensión de pasajes complejos y facilitan la contextualización del mensaje.

Los temas que se incluyen en este libro han sido utilizados en conferencias y talleres en los Estados Unidos, América Latina y España. Se incluyen en esta obra luego de incorporar sugerencias y recomendaciones de forma y de fondo. Diálogos con ministros y laicos han sido el contexto inicial del desarrollo literario y teológico de estos capítulos. Además, varios de los temas aquí expuestos han sido revisados por colegas del Departamento de traducciones de las Sociedades Bíblicas Unidas y comentados con mis estudiantes del South Florida Center for Theological Studies.

Este libro puede contribuir sustancialmente a la formación de creyentes maduros; de manera particular al desarrollo de la fe de personas que deseen «crecer en Cristo» y comprender las peculiaridades que se manifiestan subyacentes al texto bíblico, pero que son importantes para la comprensión adecuada del mensaje de la Escritura. Además, el libro puede ser utilizado para complementar los estudios bíblicos en las congregaciones. Los temas aquí expuestos han sido apreciados y asimilados por muchos laicos en el Continente. Los hermanos en las congregaciones desean comprender mejor el texto que es fuente de su inspiración y el fundamento de su fe.

Los seminaristas y estudiantes de institutos bíblicos pueden encontrar en esta obra una serie de ayudas exegéticas, teológicas y metodológicas de importancia capital. Algunos de los temas expuestos y explicados en esta obra no se incluyen —o no se estudian con detenimiento— en cursos introductorios al Antiguo Testamento, pues las limitaciones de currículo y de tiempo se imponen al buen deseo de los profesores.

En la redacción del libro he deseado mantener el idioma utilizado a un nivel bastante popular, mientras que en las notas marginales he indicado las referencias necesarias para continuar el estudio avanzado de los temas expuestos. En torno al asunto de la investigación posterior de los temas expuestos, es de particular importancia el capítulo que contiene la bibliografía castellana, pues se han identificado los libros que pueden ser conseguidos en las librerías y bibliotecas teológicas de muchos seminarios o institutos bíblicos.

Muchas personas han contribuido a la reflexión y elaboración de esta obra: A todas ellas va mi más cordial expresión de gratitud. A los que han escuchado estos temas en conferencias, talleres y diálogos en el Continente: ¡Gracias! A los colegas del Departamento de traducciones de las Sociedades Bíblicas Unidas que han reaccionado a las presentaciones de los asuntos discutidos en este libro: ¡Mil gracias! Y especialmente a Nohemí, quien además de ser esposa idónea, es crítica fiel de mis escritos: ¡Mi amor y mi público agradecimiento!

Finalmente, junto a Don Miguel de Cervantes, confieso mi gran admiración por la Biblia, particularmente por los salmos.

Salmos de David benditos,
cuyos misterios son tantos

que sobreceden a cuantos
renglones tenéis escritos;
vuestros conceptos me animen
que he advertido veces tantas,
a que yo ponga mis plantas
donde el alma no lastimen;
no en los montes salteando
con mal cristiano decoro,
sino en los claustros y el coro
desnudas, y yo rezando.

(Comedia «El rufián dichoso»)

CAPÍTULO 1

Un arameo a punto de perecer fue mi padre

El Antiguo Testamento se formó en el devenir de la historia del pueblo de Israel.[1] Su mensaje hace referencia a hechos concretos, a relatos históricos; sin embargo, su objetivo es presentar el testimonio de la fe de un pueblo. La finalidad de los escritos bíblicos no es hacer un recuento detallado de los sucesos acaecidos a Israel, sino preservar, afirmar y celebrar la fe de esa comunidad.[2]

Aunque la escritura en Israel se desarrolló formalmente durante la constitución de la monarquía (c. 1030 a.C, véase Tabla cronológica), los recuerdos de épocas anteriores se mantenían y trasmitían de forma oral, de generación en generación. Esos relatos orales fueron posteriormente

---

1. Entre las obras consultadas en torno a la historia del pueblo de Israel, en la época del Antiguo Testamento, podemos identificar las siguientes: J. Bright, *La historia de Israel*, Desclée de Brouwer, Bilbao, 1970; M. Noth, *Historia de Israel*, Garriga, Barcelona, 1966; S. Herrmann, *Historia de Israel*, Sígueme, Salamanca, 1985; véase, además, R.P. Carroll, «History of Israel», *The Anchor Bible Dictionary (TABD)*, Vol. 3, D.N. Freedman, ed., Doubleday, NY, 1992, pp. 341-348.
2. W.H. Schmidt, *Introducción al Antiguo Testamento*, Sígueme, Salamanca, 1983, pp. 23-45; G. von Rad, *Old Testament Theology*, Harper and Row, Vol. 1, NY, 1962, pp. 3-14.

redactados por diferentes personas y grupos del pueblo, para preservar las narraciones que le daban razón de ser, y para contribuir a la identidad nacional y al desarrollo teológico de la comunidad.[3] Esa conciencia histórica del pueblo se pone de manifiesto en la oración que se incluye en el libro del Deuteronomio: «Un arameo a punto de perecer fue mi padre, el cual descendió a Egipto y habitó allí con pocos hombres, y allí creció y llegó a ser una nación grande y numerosa» (26.5).

El comienzo: la historia primitiva

La primera sección del libro de Génesis (caps. 1—11)[4] se denomina comúnmente como la historia primitiva o «primigenia», y presenta un panorama amplio de la humanidad, desde la creación del mundo hasta Abraham. El objetivo es poner de manifiesto la condición humana en la Tierra. Aunque al ser humano le corresponde un sitial de honor por ser creado «parecido a Dios mismo» (1.27),[5] su desobediencia permitió la entrada del sufrimiento y la muerte en la historia. La actitud de Adán, Eva, Caín y sus descendientes, y las naciones que quisieron edificar «una ciudad y una torre que llegue hasta el cielo» (11.4), afectó adversamente los lazos de fraternidad entre los seres humanos y, además, rompió la comunión entre estos y Dios. En ese marco teológico va a desarrollarse la historia de la salvación; es decir, los relatos que destacan las intervenciones de Dios en la historia de su pueblo.

---

3. Schmidt, *Ibid.*, pp. 26-31.
4. E.A. Speiser, «Genesis», *The Anchor Bible*, Doubleday & Company, Garden City, NY, 1964, pp. LIII-LVIII; G. von Rad, *op. cit.*, pp. 136-153.
5. Las citas bíblicas se harán de acuerdo al texto de la *Versión Popular, edición de estudio*, SBU, Miami, 1994.

Patriarcas y matriarcas

En la segunda sección del libro de Génesis (caps. 12—50) se presenta los orígenes del pueblo de Israel. El relato comienza con Abraham, Isaac y Jacob; continúa con la historia de los hijos de Jacob (Israel) —José y sus hermanos—; prosigue con la emigración de Jacob y su familia a Egipto; y finaliza con la vida de los descendientes de Jacob (Israel) en ese país. En la Biblia, la historia del pueblo de Dios comienza esencialmente con los relatos de los patriarcas y las matriarcas de Israel.[6]

Los antecesores de Abraham fueron grupos arameos (Gn 25.20; 28.5; 31.17-18,20,24; Dt 26.5) que en el curso del tiempo se desplazaron desde el desierto hacia tierra fértil. En la memoria del pueblo de Israel se recordaba que sus antepasados habían emigrado desde Mesopotamia hasta Canaán: de Ur y Harán (Gn 11.27-31) a Palestina.

Los detalles históricos de ese peregrinar son difíciles de precisar, sin embargo, ese período puede ubicarse entre los siglos XX-XVIII a.C. Esos siglos fueron testigo de migraciones masivas en el Mediano Oriente, particularmente hacia Canaán.

De acuerdo con los relatos del Génesis, los patriarcas eran líderes de grupos seminómadas que detenían sus caravanas en diversos lugares santos, para recibir manifestaciones de Dios. Posteriormente, alrededor de esos lugares, los patriarcas se asentaron: Abraham en Hebrón (Gn 13.18; 23.19); Isaac al sur, en Berseba (Gn 26.23); y Jacob en Penuel y Mahanaim (Gn 32.2,30), al este del Jordán y cerca de Siquem y Betel, al oeste del Jordán (Gn 28.10; 33.15; 35.1).

Es difícil describir por completo la fe de los patriarcas.[7] Posiblemente consistía en un tipo especial de religión familiar

---

6. Bright, *op. cit.*, pp. 74-110; Herrmann, *op. cit.*, pp. 61-79.
7. Bright, *op. cit.*, pp. 102-109.

o tribal, cuyo Dios era conocido como «el Dios de los padres», o Dios de Abraham, Isaac y Jacob (Israel) (Gn 31.29,42,53; 46.1). El Dios de los padres no estaba ligado a ningún santuario; se manifestaba al líder familiar o tribal y le prometía orientación, protección, descendencia y posesión de la tierra (Gn 12.7; 28.15,20). Algunos aspectos culturales que se incluyen en los relatos patriarcales tienen paralelo en leyes extrabíblicas antiguas como el código de Hamurabi (c. 1750 a.C.).[8]

El libro de Génesis destaca las relaciones de parentesco de los patriarcas: Abraham, Isaac y Jacob se presentan en una secuencia de generaciones.[9] Isaac, el hijo de Abraham y Sara, engendró dos hijos de Rebeca: Esaú y Jacob. Jacob, que se identifica también como Israel, fue el padre de doce hijos, de quienes posteriormente, según el relato bíblico, surgirán las doce tribus de Israel. A través de José —uno de los hijos de Israel— el grupo llegó a Egipto, desde dondo serían liberados por Moisés.

Desde la época de José (c. siglo XVII a.C.), hasta la de Moisés (c. XIII a.C.), los conocimientos que se poseen sobre el pueblo de Israel y sus antepasados no son extensos.[10] Durante esos c. 400 años, la situación política y social del Mediano Oriente varió considerablemente. Los egipcios comenzaron un período de prosperidad y renacimiento, luego de la derrota y expulsión de los hicsos (pueblo semita que había llegado del desierto). Palestina dependía políticamente de Egipto. En el Mediterráneo no había ningún poder político que diera cohesión a la zona. Mesopotamia estaba dividida: la parte meridional regida por los herederos

---

8. S.A. Meier, «Hammurapi», *TABD. Vol. 3, op. cit.*, pp. 39-42.
9. J.J. Scullion, «The Narrative of Genesis», *TABD. Vol. 2, op. cit.*, pp. 941-956.
10. Herrmann, *op. cit.*, pp. 39-57; Bright, *op. cit.*, pp. 54-73; Noth, *op. cit.*, pp. 52-60.

del imperio antiguo; y la septentrional por los asirios, quienes más adelante resurgen como una potencia política considerable a partir del siglo XIV a.C.

Los hicsos gobernaban Egipto (1730-1550 a.C.) cuando el grupo de Jacob llegó a esas tierras.[11] Cuando los egipcios se liberaron y expulsaron a sus gobernantes (1550 a.C.), muchos extranjeros fueron convertidos en esclavos. La frase «más tarde hubo un nuevo rey en Egipto, que no había conocido a José» (Éx 1.8), es una posible alusión a la nueva situación política que afectó adversamente a los grupos hebreos que vivían en Egipto. Estos vivieron como esclavos en Egipto alrededor de 200 años. Durante ese período trabajaron en la construcción de las ciudades de Pitón y Ramsés (Éx 1.11).

Los descendientes de José no eran las únicas personas a quienes se podía identificar como «hebreos».[12] Esta expresión caracteriza un estilo de vida, describe a un sector social pobre; tal vez identifica personas que no poseían tierras y viajaban por diversos lugares en busca de trabajo (el término no tenía en esa época un significado étnico específico). Durante ese período diversos grupos de «hebreos» —o de «habirus»— estaban diseminados por varias partes del Mediano Oriente. Algunos, inclusive, vivían en Canaán y nunca fueron a Egipto; otros salieron de Egipto antes de la expulsión de los hicsos.

El éxodo: Moisés y la liberación de Egipto

Tres tradiciones fundamentales, que le dieron razón de ser al futuro pueblo de Israel y contribuyeron al desarrollo

---

11. J.M. Weinstein and D.B. Redford, «Hyksos», *TABD. Vol. 3*, pp. 341-348.
12. N. P. Lenche, «Habiru, hapiru», *TABD. Vol 3. op. cit.*, pp. 6-10.

de la conciencia nacional, se formaron entre los siglos 15-13 a.C.: la promesa a los patriarcas; la liberación de la esclavitud de Egipto; y la manifestación en el Sinaí. En la Escritura estos relatos están ligados en una línea histórica continua: desde los patriarcas hasta Moisés. Este último es la figura que enlaza la fe de Abraham, Isaac y Jacob, la liberación de Egipto, el peregrinar por el desierto y la entrada a Canaán.[13]

Según el relato de la Biblia, Dios llamó a Moisés en el desierto y le encomendó la tarea de liberar al pueblo de la esclavitud de Egipto (Éx 3). Esta misión se enfoca como la respuesta de Dios a la alianza (o pacto) y promesa hecha a los patriarcas (Éx 3.1-4,17; 6.2-7,13; 2.24). «El Dios de los antepasados» es el Señor (Yahvé)[14] —«Yo soy el que soy» (Éx 3.14-15)— que se reveló a Moisés.

Luego del enfrentamiento con el faraón, Moisés y los israelitas salieron de Egipto. Esta experiencia de liberación se convirtió en un componente básico de la fe del pueblo de Israel (Éx 20.2; Sal 81.11; Os 13.4; Ez 20.5).[15]

Tradicionalmente la fecha del éxodo de los israelitas se ubicaba en c. 1450 a.C.; sin embargo, un número considerable de estudiosos modernos la ubican en c. 1250/30 a.C. El faraón del éxodo es posiblemente Ramsés II, conocido por sus proyectos monumentales de construcción.[16]

Cuando el pueblo salió de Egipto cruzó el Mar Rojo (Éx 14.21-22). Ese paso es celebrado en la historia del pueblo como una intervención milagrosa de Dios (Éx 14-15).

Al grupo de hebreos que salió de Egipto se añadieron —camino a Palestina— grupos afines. La ruta del éxodo es

---

13. Herrmann, *op. cit.*, 96-116; Bright, *op. cit.*, pp. 127-145.
14. H.O. Thomson, «Yahweh», *TABD. Vol. 6, op. cit.*, pp. 1011-1012; T. Mettinger, *In Search of God*, Westminster, Filadelfia, 1988; «Cómo traducir el Nombre», *Traducción de la Biblia*, Vol. 4, Núm. 1, pp. 3-7.
15. K.A. Kitchen, «The Exodus», *TABD. Vol. 2, op. cit.*, pp. 700-708.
16. Herrmann, *op. cit.*, pp. 87-95; Kitchen, *op. cit.*, pp. 700-708.

difícil de establecer con exactitud. El peregrinar por el desierto se describe en la Biblia como un período de cuarenta años (una generación), bajo el liderazgo de Moisés.

La experiencia fundamental del pueblo en su viaje a Canaán fue la alianza o pacto en el Sinaí. Esa alianza revela la relación singular entre el Señor y su pueblo (Éx 19.5-6); se describe en el Decálogo —o Diez mandamientos (Éx 20.1-17)— y en el llamado Código de la alianza (Éx 20.22—23.19). En el Decálogo se hace un compendio de los preceptos y exigencias de Dios. Se incluyen los mandamientos que definen las actitudes justas del ser humano ante Dios, y las que destacan el respeto hacia los derechos de cada persona como requisito indispensable para la convivencia en armonía.

Luego de la muerte de Moisés, Josué se convirtió en el líder del grupo de hebreos que habían salido de Egipto (c. 1220 a.C.). Según el relato de la Escritura, la conquista de Canaán se llevó a cabo desde el este, a través del río Jordán, comenzando con la ciudad de Jericó (Jos 6); fue un proceso paulatino, en algunos lugares tuvo un carácter belicoso, y en otros se efectuó de forma pacífica y gradual. La conquista no eliminó totalmente la población cananea (Jue 2.21-23; 3.2).[17]

Durante el período de conquista y toma de posesión de la tierra, los grandes imperios de Egipto y Mesopotamia estaban en decadencia.[18] Canaán era un país ocupado por poblaciones diferentes. La estructura política se caracterizaba por la existencia de una serie de ciudades estados, que tradicionalmente habían sido leales a Egipto. La religión cananea se distinguía por los ritos de la fertilidad, que incluían la prostitución sagrada. Entre sus divinidades se

---

17. Herrmann, *op. cit.*, pp. 117-149; Carroll, *op. cit.*
18. Bright, *op. cit.*, pp. 172-181.

encontraban Baal, Asera y Astarté. La economía de la región estaba basada en la agricultura.[19]

Período de los jueces

El período de los jueces puede fecharse con bastante precisión entre 1200 y 1050 a.C.[20] A la conquista y toma de Canaán le siguió una época de organización progresiva del territorio. Ese período fue testigo de una serie de conflictos entre los grupos hebreos —que estaban organizados en una confederación de tribus o clanes—[21] y las ciudades estado cananeas. Finalmente los antepasados de Israel se impusieron a sus adversarios y los redujeron a servidumbre (Jue 1.28-29; Jos 9).

El libro de los Jueces relata una serie de episodios importantes de ese período. Los jueces eran caudillos, líderes militares carismáticos que hacían justicia al pueblo. No eran gobernantes, sino libertadores que se levantaban a luchar en momentos de crisis (Jue 2.16; 3.9). El cántico de Débora (Jue 5) celebra la victoria de una coalición de grupos hebreos contra los cananeos, en la llanura de Jezreel.

El período de los jueces se caracterizó por la falta de unidad y organización política entre los grupos hebreos. La situación geográfica de Palestina y la falta de colaboración contribuyeron a robustecer la tendencia individualista. Los israelitas estaban en un proceso de sedentarización y cambio a nuevas formas de vida, particularmente en la agricultura. Durante ese período se fueron asimilando de manera paulatina la cultura y las formas de vida cananeas. Esa asimilación produjo prácticas sincretistas en el pueblo

---

19. J. Day, «The Religion of Canaan», *TABD. Vol. 1, op. cit.*, pp. 831-837.
20. Herrmann, *op. cit.*, pp. 150-169.
21. Bright, *op. cit.*, pp. 164-181.

hebreo: la religión de Yahvé —el Dios hebreo identificado con la liberación de Egipto—, incorporó prácticas cananeas relacionadas con Baal (conocido como señor de la tierra, quien garantizaba la fertilidad y las cosechas abundantes).

Los filisteos, que procedían de los pueblos del mar (Creta y las islas griegas) y que fueron rechazados por los egipcios en c. 1200 a.C., se organizaron en cinco ciudades en la costa sur de Palestina. Por su poderío militar y su monopolio del hierro (Jue 13—16; 1 S 13.19-23), se convirtieron en una gran amenaza para los israelitas.[22]

La monarquía: Saúl, David, Salomón

A fines del siglo XI a.C. los filisteos ya se habían expandido a través de la mayor parte de Palestina; habían capturado el Cofre de la alianza y habían tomado la ciudad de Silo (1 S 4). Esa situación obligó a los israelitas a organizar una acción conjunta bajo un liderato estable. Ante esa realidad se formó, por imperativo de la política exterior, la monarquía de Israel (1 S 8—12).[23]

Samuel es el último de los jueces (1 S 7.2-17) y, además, es reconocido como profeta y sacerdote. Poseía un liderato carismático que le dio al pueblo inspiración y unidad (1 S 1—7). Los primeros dos reyes de Israel, Saúl (1 S 10) y David (1 S 16.1-13), fueron ungidos por él.[24]

Saúl, al comienzo de su reinado, obtuvo victorias militares importantes (1 S 11.1-11); sin embargo, nunca pudo triunfar plenamente contra los filisteos. Su caída quedó marcada con la matanza de los sacerdotes de Nob (1 S 22.6-23), y su figura desprestigiada en el episodio de la

---

22. H. J. Katzenstein, «Philistines», *TABD. Vol. 5, op. cit.*, pp. 326-328.
23. Herrmann, *op. cit.*, pp. 173-225; Bright, *op. cit.*, pp. 186-214.
24. G.W. Ramsey, «Samuel», *TABD. Vol. 5, op. cit.*, pp. 954-957.

adivina de Endor (1 S 28.3-25). Saúl y su hijo Jonatán murieron en la batalla de Gilboa, a manos de los filisteos (1 S 31).

David es ungido como rey en Hebrón, luego de la muerte de Saúl. En primer término fue consagrado rey para las tribus del sur (2 S 2.1-4); posteriormente, para las tribus del norte (2 S 5.1-5). En ese momento había dos reinos y un solo monarca.

El reino de Israel alcanzó su máximo esplendor bajo el liderazgo de David (1010-970 a.C.). Con su ejército, incorporó las ciudades cananeas independientes; sometió a los pueblos vecinos: a los amonitas, moabitas y emonitas al este, a los arameos al norte y, particularmente, a los filisteos al oeste; y conquistó la ciudad de Jerusalén, convirtiéndola en el centro político y religioso del imperio (2 S 5.6-9; 6.12-23).[25]

La consolidación del poder no debió no sólo a la astucia política y la capacidad militar del monarca, sino a la decadencia de los grandes imperios en Egipto y Mesopotamia. Con David comenzó la dinastía real en Israel (2 S 7).

Paralelo a la institución de la monarquía surge en Israel el movimiento profético.[26] El profetismo nace con la monarquía, pues esencialmente se opone a los reyes. Más adelante, cuando la monarquía deja de existir (durante el exilio en Babilonia), la institución profética se transforma para responder a la nueva condición social, política y religiosa del pueblo.

Salomón sucedió a David en el reino, luego de un período de intrigas e incertidumbre (1 R 1). Su reinado (970-931 a.C.) se caracterizó por el apogeo comercial (1 R 9.26—10.29) y las grandes construcciones. Las relaciones comerciales a nivel

---

25. D.M. Howard Jr., «David», *TABD. Vol. 2, op. cit.*, pp. 41-49.
26. Schmitt, *op. cit.*, pp. 218-240; J.J. Schmitt, «Prophecy», *TABD. Vol 5, op. cit.*, pp. 482-489.

internacional le procuraron riquezas (1 R 9.11, 26-28; 10). Construyó el templo de Jerusalén (1 R 6—8), que adquirió dignidad de santuario nacional y, en el mismo, los sacerdotes actuaban como funcionarios del reino (1 R 4.2). En toda la historia de Israel ningún rey ha alcanzado mayor fama y reputación que Salomón (cf. Mt 6.29).

La monarquía: el reino dividido

El imperio creado por David comenzó a fragmentarse durante el reinado de Salomón. En las zonas más extremas del reino (1 R 11.14-40) se sintió la inconformidad con las políticas reales. Las antiguas rivalidades entre el norte y el sur comienzan a surgir de nuevo. Luego de la muerte de Salomón el reino se divide: Jeroboam será el rey de Israel; Roboam de Judá, con su capital en Jerusalén (1 R 12). El antiguo reino unido se separa, y los reinos del norte (Israel) y del sur (Judá) subsisten por varios siglos como estados independientes y soberanos. La ruptura fue inevitable en el 931 a.C. El profeta Isaías (Is 7.17) interpretó ese hecho como una manifestación del juicio de Dios.[27]

El reino de Judá subsistió por más de tres siglos (hasta el 587 a.C.); Jerusalén continuó como su capital y un heredero de la dinastía de David se mantuvo como monarca. El reino del norte no gozó de tanta estabilidad. La capital cambió de sede en varias ocasiones: Siquem, Penuel (1 R 12.25), Tirsa (1 R 14.17; 15.21,33), para finalmente quedar ubicada de forma permanente en Samaria (1 R 16.24). Los intentos por formar dinastías fueron infructuosos, por lo general finalizaban de forma violenta (1 R 15.25-27; 16.8-9,29). Los profetas, que eran implacables críticos de la monarquía, deben haber contribuido a la desestabilización de las dinastías.

---

27. Herrmann, *op. cit.*, pp. 244-266; Bright, *op. cit.*, pp. 235-247.

Entre los monarcas del reino del norte pueden mencionarse algunos que se destacaron por razones políticas o religiosas (véase la «Tabla cronológica» para una lista completa de los reyes de Israel y Judá). Jeroboam I (931-910 a.C.) independizó a Israel de Judá en la esfera cúltica, instaurando en Betel y Dan santuarios nacionales (1 R 12.25-33). Omrí (885-874 a.C.) y su hijo Acab (874-853 a.C.) fomentaron el sincretismo religioso en el pueblo, para integrar la población cananea en el reino. La tolerancia y el apoyo al baalismo (1 R 16.30-33) provocaron la resistencia y crítica de los profetas (1 R 13.4). Jehú (841-814 a.C.), quien fundó la dinastía de mayor duración en Israel, llegó al poder ayudado por los adoradores del Señor (Yahvé). En un inicio se opuso a las prácticas sincretistas del reino (2 R 9); sin embargo, fue rechazado posteriormente por el profeta Oseas, debido a sus actitudes crueles (2 R 9.14-37). Jeroboam II (783-743 a.C.) reinó en un período de prosperidad (2 R 14.23-29). La decadencia final del reino de Israel surgió en el reinado de Oseas (732-724 a.C.), cuando los asirios invadieron y conquistaron Samaria en el 721 a.C. (2 R 17).[28]

La destrucción del reino de Israel a manos de los asirios se efectuó de forma paulatina y cruel: en primer lugar, se exigió tributo a Menahem (2 R 15.19-20); luego se redujeron las fronteras del estado y se instaló a un rey sometido a Asiria (2 R 15.29-31); finalmente, se integró todo el reino al sistema de provincias asirias, se abolió toda independencia política, se deportaron ciudadanos y se instaló una clase gobernante extranjera (2 R 17). Con la destrucción del reino del norte, Judá asumió el nombre de Israel.

El Imperio Asirio continuó ejerciendo su poder en Palestina hasta que fueron vencidos por los medos y los caldeos (babilonios). El faraón Necao de Egipto, trató infructuosamente

---

28. Bright, *op. cit.*, pp. 282-292; Herrmann, *op. cit.*, pp. 313-326.

de impedir la decadencia asiria. En la batalla de Meguido murió el rey Josías, famoso por introducir una serie importante de reformas en el pueblo (2 R 23.4-20),[29] y su sucesor Joacaz fue posteriormente desterrado a Egipto (2 Cr 35.20-27; Jer 22.10-12). Nabucodonosor, al mando de los ejércitos babilónicos, finalmente triunfó sobre el ejército egipcio en la batalla de Carquemis (605 a.C.) y conquistó a Jerusalén (597 a.C.). En el 587 a.C. los ejércitos babilónicos sitiaron y tomaron a Jerusalén, y comenzó el período conocido como el exilio en Babilonia. Esa derrota de los judíos ante Nabucodonosor significó: la pérdida de la independencia política; el fin de la dinastía davídica (cf. 2 S 7); la destrucción del templo y la ciudad (cf. Sal 46; 48); y la expulsión de la tierra prometida.[30]

Exilio de Israel en Babilonia

Al conquistar a Judá, los babilonios no impusieron gobernantes extranjeros, como ocurrió con el triunfo asirio sobre Israel, el reino del norte. Judá, al parecer, quedó incorporada a la provincia babilónica de Samaria.[31] El país estaba en ruinas, pues a la devastación causada por el ejército invasor se unió el saqueo de los países de Edom (Abd 11) y Amón (Ez 25.1-4). Aunque la mayoría de la población permaneció en Palestina, un núcleo considerable del pueblo fue llevado al destierro.[32]

Los babilonios permitieron a los exiliados tener familia, construir casas, cultivar huertos (Jer 29.5-7) y consultar a sus propios líderes y ancianos (Ez 20.1-44). Además, les

29. Bright, *op. cit.*, pp. 328-335.
30. Bright, *Ibid.*, pp. 357-376.
31. J.D. Purvis, «Samaria», *TABD. Vol. 5, op. cit.*, pp. 914-921.
32. Bright, *op. cit.*, pp. 360-362; Herrmann, *op. cit.*, pp. 350-365.

permitieron vivir juntos en Tel Abib, a orillas del río Quebar (Ez 3.15; cf. Sal 137.1). Paulatinamente, los judíos de la diáspora se acostumbraron a la nueva situación política y social; y las prácticas religiosas se convirtieron en el mayor vínculo de unidad en el pueblo.

El período exílico (587-538 a.C.), que se caracterizó por el dolor y el desarraigo, produjo una intensa actividad religiosa y literaria. Durante esos años se pusieron por escrito y reunieron muchas tradiciones religiosas del pueblo. Los sacerdotes, que ejercieron un liderazgo importante en la comunidad judía luego de la destrucción del templo, contribuyeron considerablemente a formar las bases necesarias para el desarrollo posterior del judaísmo.[33]

Ciro, el rey de Anshán, se convirtió en una esperanza de liberación para los judíos deportados en Babilonia (Is 44.21-28; 45.1-7).[34] Luego de su ascensión al trono persa (559-530 a.C.) pueden identificarse tres acontecimientos importantes en su carrera militar y política: la fundación del reino medo-persa, con su capital en Ecbatana (553 a.C.); el sometimiento de Asia menor, con su victoria sobre el rey de Lidia (546 a.C.); y su entrada triunfal a Babilonia (539 a.C.). Su llegada al poder en Babilonia puso de manifiesto la política oficial persa de tolerancia religiosa, al promulgar, en el 538 a.C., el edicto que puso fin al exilio.

Época persa, restauración

El edicto de Ciro —del cual la Biblia conserva dos versiones (Esd 1.2-4; 6.3-5)— permitió a los deportados regresar a Palestina y reconstruir el templo de Jerusalén (con la

---

33. R.P. Carroll, «History of Israel», *TABD. Vol. 3, op. cit.*, pp. 567-576.
34. T. Cuyler Young Jr., «Cyrus», *TABD. Vol. 1, op. cit.*, pp. 1231-1232.

ayuda del Imperio Persa).[35] Además, permitió la devolución de los utensilios sagrados que habían sido llevados a Babilonia por Nabucodonosor.[36]

Al finalizar el exilio, el regreso a Palestina fue paulatino. Muchos judíos prefirieron quedarse en la diáspora, particularmente en Persia, donde prosperaron económicamente y, con el tiempo, desempeñaron funciones de importancia en el Imperio. El primer grupo de repatriados llegó a Judá dirigidos por Sesbasar (Esd 1.5-11), quien era funcionario de las autoridades persas. Más adelante, el templo se reedificó (520-515 a.C.) bajo el liderazgo de Zorobabel y el sumo sacerdote Josué (Esd 3—6), con la ayuda de los profetas Hageo y Zacarías.[37]

Con el paso del tiempo, la situación política, social y religiosa de Judá se deterioró. Algunos factores que contribuyeron en el proceso fueron los siguientes: dificultades económicas en la región; divisiones en la comunidad; y, particularmente, la hostilidad de los samaritanos.[38]

Nehemías, el copero del rey Artajerjes I, recibió noticias acerca de la situación de Jerusalén en el 445 a.C., y solicitó ser nombrado gobernador de Judá para ayudar a su pueblo. La obra de este reformador judío no se confinó a la reconstrucción de las murallas de la ciudad, sino que contribuyó significativamente a la reestructuración de la comunidad judía postexílica (Neh 10).[39]

Esdras fue esencialmente un líder religioso. Además de ser sacerdote, recibió el título de «maestro instruido en la Ley del Dios del cielo», que le permitía, a nombre del

35. S. Pagán, *Esdras, Nehemías y Ester, CBH*, Editorial Caribe, Miami, 1992, pp. 51-54.
36. Bright, *op. cit.*, pp. 377-391; Herrmann, *op. cit.*, pp. 369-380.
37. Bright, *op. cit.*, pp.392-413; Herrmann, *op. cit.*, pp. 393-409.
38. Purvis, *op. cit.*
39. Pagán, *op. cit.*, pp. 27-30.

Imperio Persa, enseñar y hacer cumplir las leyes judías en «la provincia al oeste del río Éufrates» (Esd 7.12-26). Su actividad pública se realizó en Judá, posiblemente a partir del 458 a.C. —el séptimo año de Artajerjes I (Esd 7.7)—, aunque algunos historiadores la ubican en el 398 a.C. (séptimo año de Artajerjes II) y otros, en el 428 a.C.[40]

Esdras contribuyó a que la comunidad judía postexílica diera importancia a la Ley. A partir de la reforma religiosa y moral que promulgó, los judíos se convirtieron en «el pueblo del Libro». La figura de Esdras, en las leyendas y tradiciones judías, se compara a la de Moisés.

Época helenística

La época del dominio persa en Palestina (539-333 a.C.) finalizó con las victorias de Alejandro Magno (334-330 a.C.), quien inauguró la era helenista, la época griega (333-63 a.C.). Después de la muerte de Alejandro (323 a.C.), sus sucesores no pudieron mantener unido el Imperio. Palestina quedó dominada primeramente por el Imperio Egipcio de los tolomeos o lágidas (301-197 a.C.); más tarde, por el Imperio de los seléucidas.[41]

Durante la época helenística, el gran número de judíos en la diáspora hizo necesaria la traducción del Antiguo Testamento en griego, versión conocida como la de los Setenta (LXX). Esta traducción respondía a las necesidades religiosas de la comunidad judía de habla griega, particularmente la establecida en Alejandría.[42]

En la comunidad judía de Palestina el proceso de helenización dividió al pueblo. Por un lado, muchos judíos

---

40. *Ibid.*
41. Bright, *op. cit.*, pp. 429-454; Herrmann, *op. cit.*, pp. 410-432.
42. Véase capítulo tres de este libro.

incorporaban públicamente prácticas helenistas; otros, en cambio, adoptaron una actitud fanática de devoción a la Ley. Las tensiones entre ambos sectores estallaron dramáticamente en la rebelión de los macabeos.[43]

Al comienzo de la hegemonía seléucida en Palestina, los judíos vivieron una relativa paz religiosa y social. Sin embargo, esa situación no perduró por mucho tiempo. Antíoco IV Epífanes (175-163 a.C.), un fanático helenista, al llegar al poder se distinguió, entre otras cosas, por profanar el templo de Jerusalén. En el año 167 a.C. edificó una imagen de Zeus en el templo; además, sacrificó cerdos en el altar (para los sirios los cerdos no eran animales impuros). Esos actos incitaron una insurrección en la comunidad judía.

Al noroeste de Jerusalén, un anciano sacerdote de nombre Matatías y sus cinco hijos —Judas, Jonatán, Simón, Juan y Eleazar—, organizaron la resistencia judía y comenzaron la guerra contra el ejército sirio (seléucida). Judas, que se conocía con el nombre de «el macabeo» (que posiblemente significa «martillo»), se convirtió en un héroe militar.[44]

En el año 164 a.C. el grupo de Judas Macabeo tomó el templo de Jerusalén y lo rededicó al Señor. La fiesta de la Dedicación o Hanukká (cf. Jn 10.22) recuerda esa gesta heroica. Con el triunfo de la revolución de los macabeos comenzó el período de independencia judía.

Luego de la muerte de Simón, último hijo de Matatías, su hijo Juan Hircano I (134-104 a.C.) fundó la dinastía asmonea.[45] Durante este período, Judea expandió sus límites territoriales; al mismo tiempo, vivió una época de disturbios e insurrecciones. Finalmente Pompeyo, el famoso general romano, conquistó a Jerusalén en el 63 a.C., y

43. Bright, *op. cit.*, pp. 443-454; Herrmann, *op. cit.*, pp. 452-466.
44. Bright, *op. cit.*, pp. 448-454.
45. Bright, *op. cit.*, pp. 455-471; Herrmann, *op. cit.*, pp. 467-495.

reorganizó Palestina y Siria como una provincia romana. La vida religiosa judía estaba dirigida por el sumo sacerdote, quien, a su vez, estaba sujeto a las autoridades romanas.

La época del Nuevo Testamento coincidió con la ocupación romana de Palestina. Esa situación perduró hasta que comenzaron las guerras judías de los años 66-70 d.C., que desembocaron en la destrucción del segundo templo y de la ciudad de Jerusalén.

CAPÍTULO 2

Palestina: Tierra que fluye leche y miel

Gran parte de la historia bíblica se desarrolló en un escenario más bien pequeño al este del Mar Mediterráneo.[1] El entorno geográfico de Palestina no es extenso: desde Dan, en el norte, hasta el sur, incluye una franja de terreno que mide entre 320 km (hasta Cadés-barnea) y 380 km (hasta Elat) de largo. Desde «Dan hasta Beerseba» el país mide únicamente 240 km. Y la anchura, desde la costa del Mediterráneo, varía entre 50 km por el norte, hasta unos 80 km por el Mar Muerto. La distancia entre Samaria, capital del reino del norte, hasta Jerusalén es de 55 km. La superficie total de Palestina, en los tiempos bíblicos, sobrepasa un poco los 25,000 km^2.[2]

Palestina, sin embargo, a pesar de sus limitaciones físicas, es una región de importancia múltiple.[3] Desde temprano en

---

1. Véase S. Herrmann, *Historia de Israel*, Sígueme, Salamanca, 1985, pp. 13-29; de particular importancia para la interpretación teológica de la «tierra» es la obra de A. González Lamadrid, *La fuerza de la tierra*, Ediciones Sígueme, Salamanca, 1981.
2. De esta superficie, 15,000 corresponden a Cisjordania. González Lamadrid, *op. cit.*, p. 46.
3. González Lamadrid, *op. cit.*, pp. 14-20, 117-118. Reichert, *Historia de Palestina*, Herder, Barcelona, 1973.

la historia ha jugado un papel protagónico en la vida política, comercial y cultural de la región. En primer lugar, como todos los países, tiene una superficie configurada por mares, ríos, montañas y valles; también ha estado poblada por diversos pueblos con imaginación y creatividad. En sus terrenos se encuentran puntos de gran importancia para la humanidad. En Jericó (la ciudad más baja de toda la tierra), por ejemplo, se ha descubierto el asentamiento urbano más antiguo de la humanidad;[4] y en el Mar Muerto se encuentra el punto más profundo del globo terráqueo.

La ubicación geográfica de Palestina pone de manifiesto su importancia geopolítica. La región donde se llevaron a efecto muchos de los grandes acontecimientos descritos en la Biblia está enclavada en el punto de confluencia entre Eurasia y África, entre Oriente y Occidente, entre los valles del Nilo y el río Éufrates. Esa localización privilegiada hace de sus habitantes protagonistas de importantes hechos históricos: de batallas históricas heroicas (Jue 5.19) y de futuras guerras escatológicas (Ap 16.16).

Por sus peculiaridades geográficas y geopolíticas, Palestina es, además, rica en historia. Las diversas ocupaciones humanas se han sucedido a lo largo del tiempo, y han dejado huellas importantes de sus costumbres y vivencias. En esa región tan pequeña de terreno, cada ciudad, cada monte y cada río tiene un potencial arqueológico de importancia. Y la evaluación e interpretación de los descubrimientos arqueológicos en Palestina han contribuido sustancialmente a una mejor comprensión de las culturas que vivieron en esos territorios.[5]

Finalmente, Palestina tiene una dimensión adicional: es «Tierra Santa». Un componente destacado del estudio de la

---

4. K. Kenyon, *Jericho*, EAEHL, II, Jerusalén, 1976, p. 553; González Lamadrid, *op. cit.*, pp. 75-78.

5. W.G. Dever, «Archaeology, Syro-Palestinian and Biblical», *The Anchor Bible Dictionary*, Vol. 1, pp. 354-366.

región se descubre al penetrar al mundo de la trascendencia. Es fundamental para una comprensión adecuada de Palestina revisar esa cuarta dimensión que pone de manifiesto los valores religiosos y profundamente espirituales relacionados con la tierra. Las tres grandes religiones monoteístas de la historia —cristianismo, judaísmo e islamismo— descubren la presencia «del cielo en la tierra» en la región. En esta tierra los creyentes de estas religiones se sienten vinculados con lo eterno, pues allí sus primeros ascendientes experimentaron la presencia de Dios.

Palestina

Los individuos y los pueblos no viven en el vacío. Las casas que fabrican, las actividades comerciales y las gestiones políticas que les distinguen, y aun las herramientas y armas que utilizan, revelan el ambiente físico en el cual viven. El clima y el terreno determinan las labores de agricultura. La flora y la fauna afectan los hábitos alimenticios. El comercio y el desarrollo industrial están íntimamente relacionados con la materia prima disponible y el acceso a los mercados de la región. La actitud hacia las industrias marítimas se relaciona con la disponibilidad de puertos y el acceso al mar. Inclusive la ubicación de las ciudades no es accidental; por lo general están ubicadas en lugares estratégicos para el comercio y la transportación. Y la topografía de la región afecta sustancialmente las fronteras y la administración de las ciudades.[6]

La Biblia utiliza una frase estereotipada para describir la frontera «norte-sur» de Palestina: «desde Dan hasta Beerseba» (2 S 24.2; 1 R 5.5). Entre esos dos puntos geográficos no

---

6. May, *Atlas Bíblico*, Ediciones Paulinas, Madrid, 1988, p. 9.

distan más de 240 km, sin embargo se encuentran las ciudades más importantes y los santuarios más célebres de la región. Otras expresiones para señalar las fronteras palestinas son «desde donde entran en Hamat hasta el río de Egipto» (1 R 8.65), y «desde el río de Egipto hasta el río grande, el río Éufrates» (Gn 15.18).

El nombre de la tierra —Palestina—, en términos etimológicos, viene de *Palastu* o *Peleshet* (griego *Philistia*), que en los documentos asirios del siglo VIII a.C. y en la Biblia Hebrea designa al país de los filisteos. Es un término común en círculos no judíos, y surge del lenguaje administrativo del Imperio Romano, cuando la provincia de Judea comenzó a llamarse «Siria-Palestina» o simplemente «Palestina».[7]

Canaán o «el país de Canaán» (Gn 12.5; Éx 15.15) es el término que utiliza la Escritura para referirse a la tierra, cuando esta era sólo una esperanza o una promesa. Luego que los israelitas ocuparon la tierra, el término dejó de usarse. El nombre «Canaán» tal vez significa «rojo-púrpura», en alusión a un tipo de tinte que se elaboraba en la región. Antes de referirse a la región, el nombre quizás se utilizaba para identificar a los mercaderes de ese tipo de tinte. En el Antiguo Testamento el sustantivo «cananita» se utiliza para designar comerciantes (Job 41.6; Pr 31.24; Zac 14.21). Otra expresión que identifica la región es «la tierra que el Señor nuestro Dios nos va a dar» (Jos 1.11).

La mayor parte de la población de la región vivía en los campos. Al norte predominaba la agricultura; al sur, la ganadería. Los productos agrícolas más comunes eran: el trigo, la cebada, el olivo, la vid y las higueras. El ganado menor, por ejemplo, ovejas, cabras y asnos, predominaba sobre las vacas y los caballos. Y entre los israelitas abundaban los artesanos: carpinteros, herreros, albañiles, tejedores

---

7. González Lamadrid, *op. cit.*, p. 25.

y alfareros. En los días de Salomón (1 R 9.26—10.29) se explotaron minas, se elaboraron metales y se comercializaron los productos.

La tierra

Por lo que se refiere al Antiguo Testamento, la tierra es fundamental, tanto para la historia del pueblo de Israel como para la teología bíblica.[8] El sustantivo «tierra» (*eretz*, en hebreo)[9] se encuentra más de 3,000 veces en el Antiguo Testamento (superado únicamente por «Dios» e «hijo» en el texto hebreo).[10] Aunque no siempre se refiere a Palestina, el uso extenso de la palabra pone de relieve la importancia del término y lo fundamental del concepto en los escritores bíblicos.[11] Esa importancia, en referencia a Palestina, se destaca aún más en las designaciones «propiedad», «herencia», «posesión» y particularmente en los nombres «Jerusalén» y «Sión».[12]

El tema de la tierra es prioritario en el Pentateuco y en la historia inicial del pueblo de Israel: en los relatos de la promesa a los antepasados de Israel; en la liberación de

---

8. Aunque el tema de la tierra es de suma importancia para los escritores de la Biblia, los estudiosos no le han dado un tratamiento preferencial. González Lamadrid, *op. cit.*, p. 14; G. von Rad, *Estudios sobre el Antiguo Testamento*, Sígueme, Salamanca, 1976, p. 81.

9. En hebreo, *eretz* trasmite, por lo menos, cuatro niveles de sentido: cosmológicamente designa la tierra (en oposición al cielo) o la tierra firme (en oposición al agua); físicamente, el suelo; geográficamente, regiones; y políticamente, determinados países. H.H. Schmid, «Tierra, país», *Diccionario teológico manual del Antiguo Testamento*, E. Jenni y C. Westermann, eds., Vol. 1, Cristiandad, Madrid, 1978, pp. 343-354.

10. González Lamadrid, *op. cit.*, p. 14.

11. *Ibid.*, pp. 14-15.

12. *Ibid.*, pp. 14-17.

Egipto; en el peregrinaje por el desierto; y, finalmente, en la entrada y conquista de Canaán. Es el tema fundamental que da cohesión y continuidad a los relatos patriarcales y mosaicos: la promesa y el deseo de vivir en la tierra que Dios le prometió al pueblo.

El ideal de la «Tierra Prometida» es el entorno teológico que enmarca las primeras narraciones bíblicas. Además, la tierra es vista como creación de Dios (Gn 1.1), ambiente para la flora y la fauna (Gn 1.11,24) y como el espacio que el ser humano debía administrar y cuidar (Gn 1.28). Para algunos estudiosos, «la tierra» es el tema teológico fundamental del Antiguo Testamento.[13]

En los relatos de la conquista, la tierra es vista como don de Dios (Os 2.6-15). La narración de esos importantes hechos en la historia bíblica comienza con la organización del pueblo y la gesta dirigida por Josué (Jos), y continúa hasta las conquistas militares de David (2 R). Durante ese período, el pueblo contaminó la tierra con abominaciones y prácticas idolátricas: Israel no correspondió a la generosidad divina. Uno de los objetivos teológicos de la historia deuteronomista (que incluye los libros de Josué hasta 2 Reyes)[14] es responder al interrogante: ¿Por qué el pueblo ha sido derrotado y humillado, y ha sido obligado a abandonar la tierra que Dios le había prometido y otorgado a sus antepasados?

Los profetas de Israel también utilizaron de forma destacada el tema de la tierra. Los que profetizaron antes del exilio en Babilonia anunciaron el castigo al pueblo, amenazaron con el destierro y profetizaron la desolación de la

---

13. W. Janzen, «Land», *The Anchor Bible Dictionary*. Vol. 4, pp. 143-154; W. Brueggermann, *The Land: Place as Gift, Promise and Challenge in Biblical Faith*, Fortress Press, Philadelphia, 1977; S. Pagán, *Su presencia en la ausencia*, Editorial Caribe, Miami, 1993, pp. 61-63.
14. Véase S.L. McKenzie, «Deuteronomistic History», *The Anchor Bible Dictionary*, Vol. 2, pp. 160-168.

tierra (Is 1.7; 6.12; 9.18; Miq 7.13). El pueblo de Israel no había vivido de acuerdo a las normas dadas por el Señor para vivir en paz en la tierra prometida. El resultado de esa apostasía y desobediencia fue el exilio. Los profetas exílicos hablaron del regreso a la tierra (Ez 20.34,40; 36.35), y presentaron ese suceso de restauración nacional como un nuevo éxodo, una nueva liberación (Is 40.1-3; 52.7-9). Posteriormente, los profetas postexílicos y la literatura apocalíptica destacaron los valores universales de la tierra, hablaron de una «nueva Jerusalén» e incluyeron la idea de «los nuevos cielos y la nueva tierra» (Is 65.17; 66.22).

Vías de comunicación

Por su ubicación entre las grandes civilizaciones que se desarrollaron entre los ríos Tigris-Éufrates y el Nilo, y por estar enclavada al sur de los reinos del Asia Menor, Palestina desempeñó un papel preponderante en la historia del Cercano Oriente antiguo. En las caravanas de comerciantes y en los carros de guerra se trasmitían valores culturales y comerciales que influyeron de forma destacada en la región. Esos intercambios culturales, comerciales y bélicos pusieron en contacto a los pueblos palestinos con sus vecinos del Cercano Oriente.

Las relaciones entre los pueblos se llevaban a efecto a través de una serie de caminos de los cuales se alude a algunos en la Biblia. Desde el cuarto milenio a.C. la influencia de la cultura mesopotámica en Egipto fue importante. La ruta comercial entre estas culturas se conoce como «el camino de la tierra de los filisteos» (Éx 13.17); los egipcios lo llamaban «el camino de Horus». Comenzaba en Zilu, Egipto, y seguía cerca de la costa, a través del desierto, para llegar a Rafia, Gaza, Ascalón, Asdod y Jope; hacia el norte cruzaba el Carmelo, por Meguido, y llegaba a la llanura de

Esdrelón; proseguía al norte, hacia Damasco, por el sur del antiguo lago Huleh o al sur del Mar de Galilea.

Otra ruta de importancia se conoce como «el camino de Sur» (Gn 16.7). Nace en el lago Timsah, en dirección de Cadés-barnea, desde donde prosigue hacia el norte, a través del Négueb, para llegar a Beerseba, Hebrón, Jerusalén y Siquem; también llega a la llanura de Esdrelón.

La tercera de las más importantes rutas comerciales que pasaban por Palestina es «el camino real» (Nm 20.17-21). Procedente de Egipto, cruzaba Esión-guéber, al norte del golfo de Aqaba, pasaba por Edom y Moab, para subir por Transjordania y llegar a Damasco.

Geografía

La geografía de Palestina —entre el Mediterráneo y el desierto de Arabia— puede dividirse en cuatro regiones topográficas. Enumeradas desde el este son: 1) las montañas de Transjordania; 2) la depresión o valle del Jordán; 3) la cordillera palestina o de Cisjordania; y 4) la llanura de la costa del Mediterráneo. Las dos cordilleras de montañas que delimitan Palestina son prolongaciones del Antilíbano y del Líbano, en Siria.[15]

1. Al este de la región se encuentran «Las montañas de Transjordania». Esta cordillera forma una sección alta de terreno que se divide en subregiones por los ríos Yarmuk, Jaboc, Arnón y Zereb. La región, de acuerdo a los relatos bíblicos (Jos 18.7-10), perteneció por algún tiempo a Rubén, Gad y Manasés, durante el período de los jueces. El control israelita de esta región fue esporádico.

Los cuatro ríos que se encuentran en sus suelos señalaron, durante diversos períodos, las fronteras orientales de

_____
15. May, *op. cit.*, pp. 9-13; González Lamadrid, *op. cit.*, pp. 23-50.

los pueblos vecinos de Israel. Desde el sur, el primer pueblo es Edom, que ocupaba 170 km de territorio entre el golfo de Aqaba y el río Zereb. Los edomitas fueron sometidos por David (2 S 8.13-14) y, posteriormente, durante el reinado de Salomón, los israelitas explotaron sus minas de cobre y hierro. Al norte se encuentran los pueblos de Moab y Amón, cuyos dominios se extendían 130 km entre el Zereb y el Yaboc. Entre estos pueblos no existía una frontera natural definida. Y finalmente, más al norte, entre el Yaboc y el Yarmuk, a unos 55 km de distancia, se encuentra la región de Galaad: rica en bosques, ganadería y agricultura; famosa también por sus hierbas medicinales y perfumes (Jer 8.22; 46.11).

2. «El valle del Jordán» es la característica más distintiva de Palestina. Se extiende desde el norte, en Siria y el Líbano, y continúa al sur del Mar Muerto, por el desierto de Arabá, por la costa este de África.

El río Jordán, que divide la región en Cisjordania y Transjordania, recibe sus aguas de las faldas del monte Hermón y de la región de Dan, y desemboca finalmente en el Mar Muerto. A través de su trayectoria se originan tres lagos: el antiguo lago Huleh o «aguas de Merom» (Jos 11.5,7), drenado por Israel en el 1967; el de Galilea —también conocido como Tiberíades o Genesaret, a 200 m bajo el nivel del mar—, y el Mar Muerto —a 401 m bajo el nivel del mar.

El río Jordán fluye a través de una franja geológica excepcional. Partiendo de Turquía, el valle que enmarca el río continúa a través de Siria, Líbano, Palestina y el Mar Rojo; finalmente resurge en el continente africano. Es la falla geológica más profunda y larga de la tierra: su extensión es de 2,334 m.

3. «La cordillera palestina» o de Cisjordania —que ha sido testigo de gran parte de la historia bíblica— incluye

una serie de montañas, colinas y valles entre el Jordán y el Mediterráneo. Por esta cordillera se riega la región. A un lado de sus pendientes, las aguas llegan a la llanura de la costa del Mediterráneo; y al otro, al valle del Jordán. Esta sección central de Palestina se ha dividido en tres secciones: Galilea, al norte; al centro Samaria; y Judá al sur. Entre Galilea y Samaria se interponen las llanuras de Esdraelón y Jezreel.

La región de Galilea se divide en dos secciones de importancia. La alta Galilea, que mantiene una altitud media de 600 m, cuenta con la cima más alta de la región: el monte Yermac o Merón con una altura de unos 1,208 m. La parte baja, cuyos montes no superan los 600 m, cuenta con el Tabor, con una altura de 588 m.

Sobre las famosas «Alturas de Golán» se levanta el monte Hermón, con sus nieves perpetuas. La cadena de montañas que incluye el Carmelo, escenario de la gran lucha de Elías con los profetas de Baal (1 R 18.1-40), se extiende a lo largo de 24 km y alcanza una altura de 546 m.

Luego de la llanura de Jezreel, se encuentran las montañas de Samaria, con sus montes Ebal y Guerizim, cuyas cimas llegan a los 940 y 881 m respectivamente. Hacia Jerusalén, en Baal Jasor, al norte de Betel, la altura alcanza los 1,016 m; y el Monte de los Olivos se alza a 818 m. Finalmente, los montes de Judá se extienden, por una región de 70 km de largo por 20 de ancho, desde Jerusalén hasta Beerseba.

Las ciudades más densamente pobladas de Palestina se encontraban en esta región de la cordillera central. De norte a sur se pueden identificar, entre otras, las siguientes: En la región de Galilea, a Nazaret y Cafarnaúm; cerca del monte Carmelo se identifica a Meguido; Jezreel está emplazada en las faldas de los montes Gelboé (2 R 9—10); en Samaria se encuentran Siquem, Tirsa y Samaria; hacia el sur, se distinguen Silo, Betel, Mispá, Rama, Gueba, Gabaón, Guibeá y

Jerusalén; y, finalmente, hacia el sur de la Santa Ciudad, Belén, Hebrón y Beerseba.

4. La llanura de la costa del Mediterráneo se encuentra al oeste de Palestina. De norte a sur la llanura se presenta casi de forma rectilínea desde el golfo de Alejandreta —en la sección noreste de la cuenca—, hasta Gaza y Rafía, cuando gira hacia el oeste: cruza las costas de Siria, Líbano —antigua Fenicia— y Palestina.

Por la costa, los límites naturales de Palestina están señalados por la desembocadura del río Leontes, en el norte, y guad el-Arish al sur: 340 km de costa. Sus playas no incluyen ningún puerto natural de importancia; por esa razón los habitantes de esa sección de Palestina no desarrollaron vías marítimas de importancia, como lo hicieron los fenicios sus vecinos del norte. Durante la monarquía del Antiguo Testamento el puerto estaba en Jafa (2 Cr 2.15; Jon 1.3).

El monte Carmelo divide la región en dos secciones: el tramo norte es estrecho; el sur, se ensancha y presenta tres llanuras: la de Atlit (o Dor), la de Sarón y la Filistea. En esta última llanura se encuentran las cinco ciudades filisteas: Acrón, Azoto, Ascalón, Gat y Gaza.

Entre las montañas de Judá y la costa del Mediterráneo la Biblia identifica una región con el nombre de «Sefela» (término hebreo para «tierras bajas»). Es una zona intermedia entre la llanura y la montaña que incluye ciudades de importancia como Gezer, Bet-Semes, Azeka, Maresa y Lakis. Su fertilidad (1 R 10.27; 2 Cr 1.15; 9.27) es proverbial, y su posición estratégica le dio celebridad.

Clima

El clima de Palestina está determinado por la posición geográfica, la configuración de la región y la proximidad al desierto.[16] Aunque posee variedad en el clima, la región generalmente reconoce dos estaciones básicas: el invierno, con su temporada de lluvias; y el verano, que es un período de gran sequía. Las llamadas «lluvias tempranas» llegan en el otoño y con ellas comienza el calendario agrícola. El período de mayor lluvias en Palestina se manifiesta desde diciembre hasta marzo; y las llamadas «lluvias tardías», tan importantes para la cosecha, se producen en abril y mayo (Jer 3.3; Am 4.7).

Palestina está enclavada entre el mar y el desierto, y las lluvias se producen en el mar, desde el oeste de la región. La precipitación pluvial decrece de oeste a este, aunque ese efecto es aminorado por la altura de las montañas. La lluvia se precipita mayormente al oeste de la cordillera de Cisjordania y de Transjordania. La precipitación pluvial anual en la costa y en Jerusalén es de 609-660 mm; en Meguido, 406; al sur de Hebrón, 304.

La temperatura en la costa durante los veranos es generalmente caliente, aunque en las montañas es más placentera. En la cordillera, como en Jerusalén, ocasionalmente nieva. La temperatura promedio durante el invierno en Jerusalén es de 23º C (74º F).

Al este del Jordán y al sur del Négueb está el desierto, donde la precipitación pluvial es mínima. En esa región los cambios bruscos de temperatura producen vientos calientes y secos que pueden tener efectos devastadores para la agricultura palestina. De particular importancia son los vientos «sirocos» que se producen temprano en el otoño y al finalizar la primavera. Los profetas de Israel identificaron esos vientos con la ira de Dios (Is 27.8; Ez 17.10; Os 13.15).

---

16. May, *op. cit.*, pp. 11-12.

La tierra que fluye leche y miel

El libro del Deuteronomio presenta la «Tierra Prometida» de una forma ideal: «una buena tierra, a un país lleno de arroyos, fuentes y manantiales que brotan en los valles y en los montes; es una tierra donde hay trigo, cebada, viñedos, higueras, granados, olivos y miel. En ese país no tendrán ustedes que preocuparse por la falta de alimentos, ni por ninguna otra cosa; en sus piedras encontrarán hierro, y de sus montes sacarán cobre» (Dt 8.7-9). La expresión «buena tierra» (Éx 3.8; Nm 14.7; Dt 1.25) es una síntesis de la fertilidad, riqueza, hermosura y bendición. El texto destaca, en un tono hímnico, la belleza y la abundancia de alimentos y minerales que posee. El pasaje es más teológico que descriptivo.

La Biblia es un texto de teología. Su mensaje pone de manifiesto la historia de la salvación. La Sagrada Escritura no es un manual de ciencias naturales, sino el recuento de la fe y las interpretaciones teológicas de los hechos históricos significativos de un pueblo. Por esa razón, cuando los pasajes bíblicos aluden a la belleza, exuberancia y fertilidad de la tierra, más que una descripción física del lugar, destacan y ponen de manifiesto los valores teológicos de la región.[17]

La expresión «Tierra Prometida», que utiliza el Antiguo Testamento para designar a Palestina, está teológicamente justificada.[18] Desde los antiguos relatos de los Patriarcas, la

---

[17]. González Lamadrid, *op. cit.*, pp. 119-132.

[18]. Uno de los recursos literarios y teológicos más importantes de la Biblia es el binomio «promesa y cumplimiento». La historia bíblica está articulada en ese gran esquema que nace en la promesa divina y finaliza con su eficaz cumplimiento; esa red constituye una especie de infraestructura que da al conjunto de relatos de la Escritura cohesión y dinamismo. González Lamadrid, *op. cit.*, pp. 124-125.

promesa de la tierra ha jugado un papel central en las narraciones de la Biblia. El artículo de fe más antiguo del pueblo de Israel se relaciona a la tierra: en primer lugar se presenta a Abraham (Gn 13.14-15), y posteriormente se repite a Isaac (Gn 26.2-4) y a Jacob (Gn 28.10-13): «Un día el Señor le dijo a Abram: «Deja tu tierra, tus parientes y la casa de tu padre, para ir a la tierra que yo te voy a mostrar» (Gn 12.1).

En los relatos del éxodo de Egipto la promesa de la tierra se repite, pero se relaciona con el sufrimiento y la liberación del pueblo de Israel: «Bien he visto la aflicción de mi pueblo que está en Egipto, y he oído su clamor a causa de sus exactores; pues he conocido sus angustias, y he descendido para librarlos de mano de los egipcios, y sacarlos de aquella tierra a una tierra buena y ancha, a tierra que fluye leche y miel» (Éx 3.7-8, RV, 1960). En el texto, la descripción «tierra que fluye leche y miel» (Nm 13.27; Dt 6.3; 11.9; 26.9,15; 27.3; Jer 11.5; 32.22) destaca lo paradisíaco de la región, pues esos productos, la leche y la miel, eran considerados como dones de Dios.

De acuerdo a la teología del libro del Éxodo, la promesa de la tierra es el resultado de la acción liberadora de Dios; en los relatos de los Patriarcas, se relaciona con otras promesas: el nacimiento milagroso de un hijo (Gn 18.10), tener una descendencia numerosa (Gn 13.16), ser de bendición a todas las familias de la tierra (Gn 12.1-3), mantener una relación especial con sus descendientes (Gn 17.7) y disfrutar de la providencia divina (Gn 28.15). Se destacan, en ambas perspectivas, diferentes aspectos de la teología de la «Tierra Prometida». Por un lado, se pone de relieve la relación estrecha de Dios con su pueblo; por el otro, se subraya la importancia de la liberación.

La tierra es un don de Dios: en ese entorno el pueblo puede vivir en paz, libertad y prosperidad. Además, la tierra le permite al ser humano desarrollarse de forma individual y provee el espacio necesario para que las comunidades se fortalezcan colectivamente. De manera fundamental, ese don de Dios es el lugar donde el pueblo debe poner de manifiesto su fidelidad al pacto y debe demostrar los valores que se presentan y afirman en la Ley de Moisés.

Jerusalén

De acuerdo al profeta Ezequiel, Jerusalén es «la parte central de la tierra» (38.12), o literalmente: «el ombligo».[19] Aunque a lo largo de la historia de la humanidad ha habido otras ciudades llamadas de esa forma,[20] la particularidad de Jerusalén en el estudio de la geografía y teología de Palestina no puede obviarse ni subestimarse.[21] En torno a este tema, el mismo profeta indicó: «Ahí está Jerusalén. Yo fui quien la puso en medio de los pueblos y naciones» (5.5). Y el salmista añade: «¡Si llego a olvidarte, Jerusalén, que se me seque la mano derecha! ¡Que se me pegue la lengua al paladar si no me acuerdo de ti, si no te pongo, Jerusalén, por encima de mi propia alegría» (Sal 137.5-6).

Con esas imágenes literarias los textos bíblicos destacan la centralidad e importancia de la ciudad, en un período de exilio y deportación.[22] En un momento histórico cuando el pueblo de Israel estaba cautivo en Babilonia, uno de sus más

---

19. P.J. King, «Jerusalén», *The Anchor Bible Dictionary*, Vol. 3, pp. 747-766.
20. Delfos, La Meca y Pekín son otras ciudades identificadas del mismo modo; además, la ciudad del Cuzco, situada a 3,600 m sobre el nivel del mar en la cordillera andina, era también denominada «ombligo de la tierra». González Lamadrid, *op. cit.*, pp. 51-52.
21. El nombre Jerusalén aparece más de 650 veces en el Antiguo Testamento; en el Nuevo, más de 140. P.J. King, *op. cit.*, p. 764.
22. S. Pagán, *op. cit.*

famosos profetas pone de relieve la preponderancia de la ciudad en el pensamiento, vida y teología de la comunidad. Esa relevancia y centralidad se repite de forma sistemática en el mensaje de los profetas.

De acuerdo a Miqueas: «En los últimos tiempos quedará afirmado el monte donde se halla el templo del Señor. Será el monte más alto; más alto que cualquier otro monte. Todas las naciones vendrán a él; pueblos numerosos llegarán diciendo: Vengan, subamos al monte del Señor, al templo del Dios de Jacob, para que Él nos enseñe sus caminos y podamos andar por sus senderos". Porque de Sión saldrá la enseñanza del Señor, de Jerusalén vendrá su palabra» (4.1-2; cf. Is 2.1-3).

Desde la perspectiva estratégica o geográfica, Jerusalén no era la ciudad más importante de la región: por ejemplo, Gabaón controlaba estratégicamente el valle de Ayalón; Siquem estaba muy bien ubicada entre los montes Guerizim y Ebal; y Meguido estaba enclavada cerca de la costa y de las llanuras de Jezreel y Sarón. Desde el punto de vista religioso, Palestina cuenta con una serie de importantes centros cúlticos: e.g., Mambré, Guilgal, Silo, Betel y el monte Guerizim, que también es llamado «el centro, u ombligo, de la tierra» (Jue 9.37). Siquem, a lo largo del Antiguo Testamento, fue un importante centro cúltico y militar: fue la primera estación de Abraham al entrar en Palestina (Gn 12.1-7); allí Jacob escondió los ídolos y los anillos (Gn 35.4); fue el lugar donde Josué reunió las tribus para firmar un pacto, luego de la conquista de la tierra (Jos 24); Abimelec ensayó allí la monarquía por primera vez (Jue 9); Jeroboam reunió allí las diez tribus del norte, luego de la ruptura del reino (1 R 12); y en el tiempo de Cristo, los samaritanos defendían la centralidad de Guerizim sobre el monte Sión (Jn 4).

David unificó el reino y fortaleció su poderío político y militar cuando constituyó a Jerusalén en capital de los reinos de Judá e Israel. Además, la proclamó una vez más santa al trasladar el arca del pacto a la ciudad (2 S 5—6). Al poner los cimientos del templo, la ciudad adquirió santidad eterna. Los profetas, particularmente Isaías (Is 1.7-9; 2.2-4), identificaron la ciudad con el monte Sión. Y en torno a la ciudad se desarrollaron una serie importante de tradiciones que destacan su importancia teológica para la vida del pueblo.[23]

Aunque sus días de gloria política se relacionan esencialmente con los reinados de David y Salomón, Jerusalén, como centro religioso, fue siempre importante. Además de ser la ciudad depositaria del Arca, símbolo de la presencia de Dios en el pueblo, con el tiempo se convirtió en el único centro religioso legítimo en Israel, al quedar proscritos los demás lugares de culto y sacrificios (Dt 12).

Jerusalén es ciudad santa, no sólo porque el Señor la seleccionó para habitar en ella de forma especial (Is 52.1-2), sino porque heredó las tradiciones religiosas de la antigua ciudad cananea Jebús, conquistada y convertida en el centro religioso y político israelita por David (2 S 5—6). La santa ciudad —así reconocida por cristianos, judíos y musulmanes— recibió la herencia teológica de Jebús, a la que se añadieron, además, las características de otras montañas sagradas del Oriente Medio (Sal 46.5; 48.2).

Luego del exilio, Jerusalén salió renovada. Durante ese importante período del pueblo de Israel, se desarrolló una abundante literatura en torno a la ciudad y sus características. A partir del destierro, la ciudad milenaria de Jerusalén se convirtió en el centro de convergencia de los peregrinos de Palestina y los judíos de la diáspora. Después del trauma del exilio, Jerusalén vino a ser no sólo el centro de Palestina y del judaísmo, sino el centro del universo.[24] Esos valores

---

23. P.J. King, *op. cit.*, p. 764.
24. González Lamadrid, *op. cit.*, pp. 55-56.

teológicos de la ciudad se enfatizan en la literatura judía posbíblica y se destacan aún más en las tradiciones musulmanas.[25] En la literatura cristiana la histórica santa ciudad adquiere dimensiones cósmicas y se presenta como una «Nueva Jerusalén» que desciende del cielo de Dios (Ap 21.9—22.5).

---

25. *Ibid.*, pp. 56-57.

Capítulo 3

Toda la Escritura es inspirada

La iglesia cristiana muy temprano en su historia sintió la necesidad de identificar los libros en los cuales Dios comunicó su voluntad a la humanidad. Esa necesidad se fundamenta en la creencia de que si Dios ha roto el silencio de los tiempos para entablar un diálogo con los seres humanos, debe haber alguna forma adecuada de saber con seguridad dónde se encuentra esa revelación. El canon de la Biblia identifica los libros que los creyentes han considerado como inspirados por Dios para transmitir la revelación divina a la humanidad; es decir, establece los límites entre lo divino y lo humano: identifica la revelación de Dios de forma escrita.

En la tradición judeocristiana el canon tiene un propósito triple. En primer lugar identifica y conserva la revelación, a fin de evitar que se confunda con las reflexiones posteriores en torno a ella. Tiene el objetivo, además, de impedir que la revelación escrita sufra cambios o alteraciones. Finalmente, brinda a los creyentes la oportunidad de estudiar la revelación y vivir de acuerdo a sus principios y estipulaciones.

Es fundamental para la comprensión cristiana del canon tomar en consideración la importancia que la comunidad apostólica y los primeros creyentes dieron a la teología de la inspiración. Con la certeza de que ciertos libros fueron escritos bajo la inspiración y revelación de Dios, los creyentes seleccionaron y utilizaron una serie de libros, otorgándoles autoridad ética para orientar sus vidas y decisiones. Esos libros alimentaron la fe de la comunidad de los creyentes, les acompañaron en sus reflexiones y discusiones teológicas y prácticas, y, además, les ofrecieron una norma de vida. Los creyentes al aceptar el valor inspirado de un libro lo incluían en el canon; en efecto, lo reconocían como parte de la revelación divina.

El término griego *kanon* es de origen semítico y su sentido inicial fue el de «caña». Posteriormente la palabra tomó el significado de «vara larga» o listón para tomar medidas utilizado por albañiles y carpinteros, el hebreo *qaneh* tiene ese significado (Ez 40.3,5). El latín y el castellano transcribieron el vocablo griego en «canon». La expresión, además, adquirió un significado metafórico: se utilizó para identificar las normas o patrones que sirven para regular y medir.[1]

Desde el siglo segundo de la era cristiana, el término *kanon* se utilizó para referirse a «la regla de fe»,[2] al ordenamiento religioso (se empleaba su forma plural «cánones

---

1. En Alejandría, la colección de obras clásicas que podía servir de modelo literario se identificaba con la palabra «canon». Cicerón, Plinio y Epicleto utilizaban el mismo vocablo para designar algún conjunto de reglas o medidas. Véase A. Paul, *La inspiración y el canon de las Escrituras*, Verbo Divino, Estella, Navarra, 1985, p. 45.
2. Los Padres de la Iglesia emplearon la palabra *kanon* para designar «la regla de la tradición» (Clemente de Roma), «la regla de fe» (Eusebio de Cesarea), «la regla de verdad» (Ireneo) y «la regla de la iglesia» (Clemente de Alejandría y Orígenes). *Ibid.*

eclesiásticos»)[3] y a la parte invariable y fija de la liturgia. En la Edad Media los libros jurídicos de la iglesia se identifican como los «cánones». La Iglesia Católica, además, llama «canon» al catálogo de sus santos, y «canonización» al reconocimiento de la veneración de algunas personas que han vivido vidas piadosas y consagradas al servicio cristiano.

En el siglo cuarto la palabra «canon» se utilizó para identificar no sólo las normas de fe, sino para referirse propiamente a las Escrituras. El «canon» de la Biblia es el catálogo de libros que se consideran normativos para los creyentes y que, por lo tanto, pertenecen con todo derecho a las colecciones incluidas en el Antiguo y el Nuevo Testamentos. Con ese significado específico la palabra fue utilizada posiblemente por primera vez por Atanasio, el obispo de Alejandría, en el año 367.[4] A finales del siglo cuarto esa acepción de la palabra era común tanto en las iglesias del Oriente como en las del Occidente, como puede constatarse en la lectura de las obras de Gregorio, Priciliano, Rufino, San Agustín y San Jerónimo.[5]

El canon de la Biblia Hebrea

De acuerdo a los diversos relatos evangélicos, Jesús utilizó las Escrituras hebreas para validar su misión, sus palabras y sus obras (véase Mc 1.14; Lc 12.32). Los primeros creyentes

---

3. De ese uso lingüístico se deriva la designación de «canónigos» para identificar a los religiosos que vivían en comunidad la «vita canonica»; es decir, vivían de acuerdo al ordenamiento eclesiástico establecido.

4. F.F. Bruce, *The Canon of Scripture*, InterVarsity Press, Downers Grove, IL, 1988, p. 17.

5. J.C. Turro y R.E. Brown, «Canonicidad», *Comentario Bíblico de San Jerónimo*, p. 56.

continuaron esa tradición hermenéutica y utilizaron los textos hebreos —y particularmente sus traducciones al griego— en sus discusiones teológicas y en el desarrollo de sus doctrinas y enseñanzas. De esa forma la iglesia contó, desde su nacimiento, con una serie de escritos de alto valor religioso.

De particular importancia es el uso que Jesús hace del libro del profeta Isaías (61.1-2), según se relata en Lucas 4.18-19. El Señor, luego de leer el texto bíblico, afirmó: «Hoy mismo se ha cumplido la Escritura que ustedes acaban de oír». Este relato pone de manifiesto la interpretación cristológica que hicieron los primeros cristianos de las Escrituras hebreas. El objetivo primordial de los documentos judíos, desde el punto de vista cristiano, era corroborar la naturaleza mesiánica de Jesús de Nazaret (Lc 24.27). De esa forma la Biblia Hebrea se convirtió en la primera Biblia cristiana. Con el paso del tiempo, la iglesia le dio el nombre de «Antiguo Testamento», para poner de manifiesto la novedad de la revelación de la persona y misión de Cristo.[6]

Los libros de la Biblia Hebrea son 24, divididos en tres grandes secciones. La primera sección, conocida como *Torah* (vocablo hebreo que generalmente ha sido traducido como «ley», pero que su significado es «instrucción» o «enseñanza») contiene los llamados «cinco libros de Moisés»: Génesis, Éxodo, Levítico, Números y Deuteronomio. La segunda división, conocida como *Nebiim* («profetas»), se subdivide, a su vez, en dos grupos: «Los profetas anteriores», en los que figuran Josué, Jueces, Reyes y Samuel; y «Los profetas posteriores», Isaías, Jeremías, Ezequiel y el Libro de los Doce.[7] La tercera sección de la Biblia Hebrea se conoce como *Ketubim* («escritos») e incluye once libros:

6. Bruce, *op. cit.*, pp. 28,63-67.
7. «El libro de los Doce» se conoce también como «Los profetas menores» debido a la extensión, no a su calidad o importancia de los escritos.

Salmos, Proverbios y Job; un grupo de cinco libros llamados *Meguilot* («rollos»): Cantar de los cantares, Rut, Lamentaciones, Eclesiastés y Ester; y finalmente Daniel, Esdras-Nehemías y Crónicas. Con las iniciales de *Torah*, *Nebiim* y *Ketubim* se ha formado la palabra hebrea *Tanak*, que significa «la Biblia».

Los 24 libros de la Biblia Hebrea son idénticos a los 39 que se incluyen en el Antiguo Testamento de las Biblias protestantes, es decir, las que no contienen los libros Deuterocanónicos. La diferencia en numeración se basa en contar cada uno de los doce profetas menores y en la separación, en dos libros cada uno, de Samuel, Reyes, Crónicas y Esdras-Nehemías. Al unir el libro de Rut al de Jueces y el de Lamentaciones al de Jeremías, se identifican 22 libros; el 22 corresponde, además, al número de caracteres en el alfabeto hebreo.[8]

La formación de las Escrituras hebreas fue un proceso largo y complejo. Los textos poéticos más antiguos (p.e., El cántico de María [Éx 15.1-18] y El cántico de Débora [Jue 5]) se remontan, posiblemente, al siglo XII a.C. El libro más reciente de la Biblia Hebrea, quizás Daniel, fue compuesto durante el siglo II a.C. Entre los Deuterocanónicos, los últimos son: 2 Macabeos y Sabiduría, que pueden fecharse por el año 100 a.C.

Durante ese largo período de más de mil años, se produjo una serie de escritos de gran valor religioso, histórico, legal y político para el pueblo judío. Algunos de ellos adquirieron

---

8. Josefo, el historiador judío, en el primer volumen de su tratado *Contra Apion* alude a 22 libros que contienen la historia judía. Esos libros son los mismos 24 de la Biblia Hebrea en un orden un poco diferente: en la primera sección incluye los cinco libros de Moisés; en la segunda agrupa 13, posiblemente al añadir 5 libros a los 8 de la división tradicional: Job, Ester, Daniel, Crónicas y Esdras-Nehemías; los cuatro libros en la sección final pueden ser Salmos, Proverbios, Eclesiastés y Cantar de los cantares. Josefo, *Contra Apion*, 1.38-41.

un valor especial y se incorporaron en el canon; otros no se incluyeron en el canon, pero constituyen un cuerpo literario de gran importancia para analizar y entender la historia, las costumbres y las creencias religiosas de la época.[9] Varios libros judíos antiguos se han perdido, aunque se alude a ellos en el Antiguo Testamento: p.e., El libro de Jaser (Jos 10.13), Los libros de las crónicas de los reyes de Judá e Israel (1 R 14.29; 15.7,31; 16.5) y las colecciones de las visiones de Natán, Ahías, Semaías e Iddo (2 Cr 9.29; 12.15; 13.22).

Proceso de «canonización»

La teoría, tradicionalmente aceptada,[10] de que las secciones del canon hebreo representan las tres etapas en el proceso de su formación es seriamente cuestionada en la actualidad. Aunque esta hipótesis parezca lógica y razonable, no hay evidencias que la respalden en el Antiguo Testamento o en otros documentos judíos antiguos.

De acuerdo a esa teoría, la *Torah* fue la primera en ser reconocida como canónica, luego del regreso de los judíos a Judá, al concluir el exilio de Israel en Babilonia (c. siglo V a.C.). Posteriormente los *Nebiim* fueron aceptados en el canon, posiblemente al final del siglo III a.C. Y finalmente los *Ketubim*, que representan la última sección de la Biblia Hebrea, fueron incorporados al canon al final del siglo I d.C., al concluir el llamado «Concilio» de Jamnia.[11]

---

9. El estudio de esta literatura es fundamental para la comprensión adecuada del período conocido como «Intertestamentario»; véase J. Bright. *La historia de Israel*, Descleé de Brouwer, Bilbao, 1970. pp. 429-454.

10. Esta teoría la popularizó H.E. Ryle en el 1892; véase Bruce, *op. cit.*, p. 36.

11. Luego de la destrucción del templo y el colapso de la comunidad judía en Jerusalén en el año 70 d.C., un grupo de judíos, dirigidos por el

El reconocimiento de la autoridad religiosa de algunas secciones de las Escrituras hebreas puede verse en el Antiguo Testamento (Éx 24.3-7; Dt 31.26; 2 R 23.1-3; Neh 8.1—9.38); sin embargo, ese reconocimiento de textos como «Palabra de Dios» no revela que la comunidad judía pensara en un cuerpo cerrado de escritos que sirviera de base para el desarrollo religioso y social del pueblo. Inclusive, algunos profetas reconocían la autoridad y el valor de mensajes proféticos anteriores (cf. Jer 7.25 y Ez 38.17), pero la idea de agrupar las colecciones de dichos y mensajes proféticos en un cuerpo de escritos tomó siglos en hacerse realidad. Posiblemente la primera referencia a una colección de escritos de esa naturaleza se encuentra en Daniel 9.2, donde se alude a la profecía de Jeremías referente a la duración del exilio en Babilonia que encontró entre un grupo de «libros» (Jer 25.11-14).

La documentación que reconoce la división tripartita del canon de la Biblia Hebrea es variada. En primer lugar, el *Talmud Babilónico*[12] acepta la autoridad religiosa e inspiración de los 24 libros de las Escrituras judías; además, discute el orden de tales libros. Asimismo en el prólogo a la traducción de *Eclesiástico*[13], también conocido como la

---

rabino Yohanan ben Zakkai, se organizó al oeste de Judea en una comunidad conocida como Jamnia (o Jabneh). El objetivo principal del grupo era discutir la reorganización de la vida judía sin las instituciones religiosas, políticas y sociales relacionadas con el templo. En Jamnia, los rabinos no introdujeron cambios al canon judío; únicamente revisaron la tradición que habían recibido. No es correcto hablar de un «concilio» o «sínodo» en Jamnia, pues aunque discutieron si algunos libros «manchaban las manos», en alusión a los libros que eran producto de la inspiración profética, la finalidad no fue identificar los libros que debían mantenerse o eliminarse del canon judío. Bruce, *op. cit.*, pp. 34-36; J.P. Lewis, «What do we mean by Jabneh?», *JBR* 32, 1964, pp. 125-132; R.T. Beckwith, *The Old Testament Canon of the New Testament Church*, Londres, 1985, pp. 278-281.

12. *Baba Bathra* 14b-15a.

13. El prólogo de esta obra, que se incluye entre los libros Deuterocanónicos, posiblemente se redactó luego de que el nieto del autor emigrara de

Sabiduría de Jesús ben Sira, el nieto de ben Sira (que a su vez fue el traductor del libro) indica que su abuelo era un estudioso de «la Ley y los Profetas, y los otros libros de nuestros padres». Si esos «otros libros de nuestros padres» son los *Ketubim*, la obra reconoce, ya en el 132 a.C., el ordenamiento tradicional de la Biblia Hebrea.

En el Nuevo Testamento hay otras alusiones a la división de la Biblia Hebrea en tres secciones. En uno de los relatos de la resurrección de Jesús, el Evangelio de Lucas (24.44) indica que el Señor le recordó a los discípulos en Jerusalén lo que de Él se decía «en la ley de Moisés, en los libros de los profetas y en los salmos». En torno a la referencia a los Salmos, es importante recordar que ellos constituyen el primer libro de los *Ketubim*, la tercera sección de la Biblia Hebrea. Otras referencias a las Escrituras judías en el Nuevo Testamento aluden a «la ley y los profetas» (Mt 7.12; Ro 3.21) o simplemente a «la ley» (Jn 10.34; 1 Co 14.21).

El descubrimiento de numerosos manuscritos en el Mar Muerto ha arrojado gran luz en el estudio y la comprensión de la cuestión del canon entre los judíos de los siglos I a.C. y I d.C. Entre los manuscritos encontrados se pueden identificar copias de todos los libros de la Biblia, con la posible excepción de Ester.[14] Aunque la gran mayoría de los documentos bíblicos se han encontrado en forma fragmentaria,

---

Palestina a Alejandría, en el año 132 a.C. Véase: J.L. Crenshaw, «Book of Ecclesiastes», *Anchor Bible Dictionary*, D.N. Freedman, ed., vol. 2, Doubleday, NY, 1992, pp. 271-280.

14. La ausencia del libro de Ester entre los documentos hasta ahora encontrados en el Mar Muerto puede ser accidental; aunque puede revelar también la percepción que la comunidad tenía de ese libro: además de no contener el nombre de Dios y destacar la fiesta de Purim, presenta cierta afinidad con los ideales de Judas Macabeo, que entre los qumramitas eran rechazados; Turro y Brown, *op. cit.*, p. 67. V.A. Moore, «Esther, Book of», en *ABD*, vol. 2, pp. 633-643.

se han descubierto también varios documentos bíblicos casi completos.

Lamentablemente los qumramitas no dejaron documentación escrita que nos indique con claridad cuáles de los libros que mantenían en sus bibliotecas constituían para ellos parte del canon. Sin embargo, al evaluar las copias de textos encontrados y analizar sus comentarios bíblicos, podemos indicar, con cierto grado de seguridad, que el canon en Qumrán incluía: la *Torah*, los *Nebiim* y los *Salmos* (posiblemente con algunos salmos adicionales); incluía también los libros de Daniel y de Job.[15]

Posiblemente ya para el comienzo de la era cristiana había un acuerdo básico entre los diferentes grupos judíos en torno a los libros que se reconocían con autoridad. Lo más probable es que, en relación al canon judío, durante el siglo I d.C. se aceptaban como sagrados los 24 ó 22 libros de la *Torah*, los *Nebiim* y los *Ketubim*, pero la lista no se fijó de forma permanente hasta el final del siglo segundo o a comienzos del tercero de la era cristiana.

Es muy difícil determinar con precisión los criterios que se aplicaron para establecer la canonicidad de los libros. Algunos estudiosos han pensado que entre los criterios se encontraban el carácter legal del escrito y la idea de que fueran inspirados por Dios. Otros, sin embargo, han indicado que cada libro debía aceptarse de acuerdo a la forma que celebraba o revelaba la manifestación de Dios. Ese criterio brindaba al libro la posibilidad de ser utilizado en el culto.[16]

---

15. Aunque en Qumrán se han descubierto fragmentos de libros Deuterocanónicos (Carta de Jeremías, Tobit y Eclesiástico) y Pseudoepigráficos (p.e., Jubileos y Enoc) es muy difícil determinar con precisión si eran reconocidos con la misma autoridad con que se aceptaban los libros «bíblicos»; Bruce, *op. cit.*, pp. 39-40; Turro y Brown, *op. cit.*, p. 67. J.J. Collins, «Dead Sea Scrolls», en *ABD*, vol. 2, pp. 85-100.

16. Turro y Brown, *op. cit.*, pp. 64-65.

La Septuaginta: el canon griego

Uno de los resultados del exilio de Israel en Babilonia fue el desarrollo de comunidades judías en diversas regiones del mundo conocido.[17] En Alejandría, capital del reino de los Tolomeos,[18] el elemento judío en la población de habla griega era considerable; y como Judea formaba parte del reino hasta el año 198 a.C., esa presencia judía aumentó con el paso del tiempo.

Luego de varias generaciones, los judíos de Alejandría adoptaron el griego como su idioma diario, dejando el hebreo para cuestiones cúlticas. Para responder adecuadamente a las necesidades religiosas de la comunidad, pronto se vio la necesidad de traducir las Escrituras hebreas al idioma griego. Al comienzo, tal vez la lectura de la *Torah* (que era fundamental en el culto de la sinagoga) se hacía en hebreo, con una posterior traducción oral al griego. Luego los textos se tradujeron de forma escrita. Ese proceso de traducción oral y escrita se llevó a cabo durante los años 250-150 a.C.[19] La *Torah*, o «Pentateuco» como se conoció en griego, fue la primera parte de la Escrituras en ser traducida; más tarde se tradujeron los profetas y el resto de los escritos.

Una leyenda judía, de la cual existen varias versiones,[20] indica que 70 ó 72 ancianos fueron traídos a Alejandría desde Jerusalén para traducir el texto hebreo al griego. Esa

---

17. Referente a la llamada «diáspora» judía los siguientes libros pueden orientar al lector: J. Bright, *La historia de Israel*, Descleé de Brouwer, Bilbao, 1970; S. Herrmann, *Historia de Israel: En la época del Antiguo Testamento*, Sígueme, Salamanca, 1985; M. Noth, *Historia de Israel*, Garriga, Barcelona, 1966.
18. Fundada por Alejandro el Grande en el 331 a.C.
19. Bruce, *op. cit.*, pp. 43-44.
20. E. Wurthwein, *The Text of the Old Testament: An Introduction to the Biblia Hebraica*, W.B. Eerdmans Publishing Co., 1979, Grand Rapids, MI, pp. 49-53.

leyenda dio origen al nombre «Septuaginta» (LXX), con el que generalmente se identifica y conoce la traducción al griego del Antiguo Testamento.

En un documento conocido como la «Carta de Aristeas» se alude y se expande la leyenda. La Carta describe cómo los ancianos de Israel finalizaron la traducción del Pentateuco en sólo 72 días; el documento indica, además, que produjeron la versión griega luego de comparaciones, diálogos y reuniones.

Posteriormente se añadieron a la leyenda, en círculos judíos y cristianos, nuevos elementos. Se incorporó la idea de que los ancianos trabajaron aisladamente y al final produjeron 72 versiones idénticas. Filón de Alejandría, el famoso filósofo judío, relata cómo los traductores trabajaron de forma independiente y escribieron el mismo texto griego palabra por palabra.[21]

Aunque Filón y Josefo indican que solamente la *Torah* o el Pentateuco se tradujo al griego, los escritores cristianos añadieron a la leyenda de la Septuaginta la traducción de todo el Antiguo Testamento, incluyendo libros que no formaban parte de las Escrituras hebreas. Pseudo-Justino, en el siglo III, incluso indica que vio personalmente las celdas en las cuales trabajaron, de forma aislada, los traductores de la Septuaginta.[22] Estas adiciones a la antigua leyenda judía revela el gran aprecio que la iglesia cristiana tenía de la Septuaginta.

De la leyenda judía se desprenden algunos datos de importancia histórica. El Pentateuco fue la primera sección en ser traducida; los trabajos comenzaron a mediados del siglo III a.C.; y es lógico pensar que la traducción se efectuara en Alejandría, donde se encontraba la comunidad judía en diáspora más importante.

---

21. Filón, *Vida de Moisés*, 2.57.
22. Citado por Wurthwein, *op. cit.*, p. 50.

El orden de los libros en los manuscritos de la Septuaginta difiere del que se presenta en las Escrituras hebreas. Posiblemente ese orden revela la reflexión cristiana en torno al canon.[23] No fueron los judíos de Alejandría los que fijaron el canon griego, sino los cristianos.[24]

En primer lugar, como en el canon hebreo, la Septuaginta incluye los cinco libros de Moisés o el Pentateuco: Génesis, Éxodo, Levítico, Números y Deuteronomio.

La segunda sección presenta los libros históricos: Josué, Jueces, Rut, los cuatro libros de los Reinados (Samuel y Reyes), Paralipómenos (Crónicas), 1 Esdras[25] (una edición griega alterna de 2 Cr 35.1—Neh 8.13), 2 Esdras (Esdras-Nehemías), Ester, Judit y Tobit. Los libros de Judit y Tobit, y las adiciones griegas al libro de Ester, no aparecen en los manuscritos hebreos.

En la tercera división se encuentran los libros poéticos y sapienciales: Salmos, Proverbios, Eclesiastés, Cantar de los cantares, Job, Sabiduría y Eclesiástico (Sabiduría de Jesús ben Sira). De este grupo, Sabiduría (escrito originalmente en griego) y Eclesiástico (escrito en hebreo) no se encuentran en el canon hebreo. El libro de los Salmos contiene uno adicional que no aparece en el canon hebreo: el 151, del cual existen copias tanto en griego como en hebreo.[26]

---

23. Wurthwein, *op. cit.*, pp. 51-68.
24. Los primeros intentos por fijar el canon en la iglesia revelan las dificultades y conflictos teológicos entre judíos y cristianos durante el siglo segundo. Tanto Justino como Tertuliano están conscientes de las diferencias entre los textos hebreos y la traducción griega. Posteriormente la iglesia Occidental aceptó un número fijo de libros del Antiguo Testamento, entre los que se incluían algunos deuterocanónicos; los teólogos orientales estaban a favor del canon elaborado por los judíos. Turro y Brown, *op. cit.*, pp. 69-70; Bruce, *op. cit.*, pp. 68-97.
25. S. Pagán, *Esdras, Nehemías y Ester*, CBH, Editorial Caribe, Miami, 1992, p. 32; W.R. Goodman, «Esdras, First Book of», en *ABD*, vol. 2, pp. 609-611.
26. J.A. Sanders, *The Dead Sea Psalms Scroll*, Cornell University Press, Ithaca, NY, 1967.

La sección final de la Septuaginta incluye los libros proféticos: Isaías; Jeremías y Lamentaciones, junto a Baruc y la Carta de Jeremías, que no aparecen en el orden del canon hebreo; Ezequiel; y el libro de Daniel, con varias adiciones griegas: la historia de Susana, el relato de Bel y el Dragón y una oración de confesión y alabanza de sesenta y ocho versículos entre los vv. 23-24 del tercer capítulo.

Los libros de los Macabeos (que pueden llegar hasta a cuatro en diversos manuscritos y versiones) se incluyen, como una especie de apéndice, al final de la Septuaginta.[27]

En torno a los libros y adiciones que se encuentran en la Septuaginta, y no aparecen en las Escrituras hebreas, la nomenclatura y el uso lingüístico en diversos círculos cristianos no es uniforme. La mayoría de los Protestantes identifican esa sección de la Septuaginta como «Apócrifos»;[28] la Iglesia Católica los conoce como «Deuterocanónicos».[29]

---

27. El contenido básico de los libros de los Macabeos es el siguiente: 1 Mac relata la persecución y la resistencia de los judíos por los años 175-164 a.C., desde una perspectiva macabea; 2 Mac incluye parte de la misma historia de persecución y resistencia, pero desde el punto de vista fariseo; 3 Mac describe la amenaza a la comunidad judía de Alejandría por los años 221-203 a.C.; 4 Mac presenta una meditación piadosa de los martirios descritos en 2 Mac.

28. La palabra griega *apokrypha* tenía como sentido básico la idea de «cosas ocultas»; particularmente el de «libros ocultos» o «secretos». En la comunidad judía el término no tenía ningún sentido peyorativo: se utilizaba para identificar a los libros que por estar en mal estado debían retirarse. El sentido negativo de la palabra surgió en la comunidad cristiana, en relación a las disputas y contiendas contra los herejes. Los libros gnósticos y los de las religiones mistéricas eran «apócrifos»; sin embargo, como con frecuencia esos libros eran heréticos, desde la perspectiva cristiana, la voz «apócrifo» se convirtió en sinónimo de «herético», «falso» o «corrompido». A. Paul, *op. cit.*, pp. 46-47.

29. Sixto de Siena, en el 1556, fue posiblemente la primera persona en utilizar los sustantivos «protocanónicos» y «deuterocanónicos» para designar dos categorías de escritos en el Antiguo y Nuevo Testamentos. A. Paul, *op. cit.*, p. 46; Bruce, *op. cit.*, p. 105.

«Apócrifos», para la comunidad católica, son los libros que no se incluyeron ni en el canon hebreo ni en el griego. Los Protestantes identifican los libros que no fueron incorporados en ninguno de los canones como «Pseudoepígrafos».[30]

Los libros Deuterocanónicos son los siguientes: Tobías, Judit, Sabiduría, Eclesiástico (Sabiduría de Jesús ben Sira), Baruc, 1 y 2 Macabeos, Daniel 3.24-90; 13; 14 y Ester 10.4—16.24. La mayor parte de estos textos se conservan únicamente en manuscritos griegos.[31]

El Antiguo Testamento griego

La Septuaginta hizo posible que los judíos de habla griega, en la diáspora y también en Palestina, tuvieran acceso a los textos sagrados de sus antepasados, en el idioma que podían entender. Además, el texto griego dio la oportunidad a grupos no judíos de estudiar las Escrituras hebreas (Hch 8.26-40).

La iglesia cristiana se benefició sustancialmente de la traducción de la Septuaginta: la utilizó como su libro santo y le llamó «Antiguo Testamento».[32] El texto en griego le dio la oportunidad a los cristianos de relacionar el mensaje de Jesús con pasajes de importancia mesiánica (Hch 7; 8); les brindó recursos literarios para citar textos del canon hebreo en las discusiones con los judíos (Hch 13.17-37; 17.2-3); y

---

30. J.H. Charlesworth, «Pseudepigrapha, OT», *Anchor Bible Dictionary*, D.N. Freedman, ed., vol. 5, Doubleday, NY, 1992, pp. 537-540.

31. La mayoría de los Protestantes llama «apócrifos» a estos libros deuterocanónicos, junto a 3 y 4 Esdras y la Oración de Manasés. A. Paul, *op. cit.*, p. 46.

32. Melitón de Sardis (c. 170) utilizó la expresión «Antiguo Testamento» para identificar las Escrituras judías; Eusebio, *Hist.*, 4.26. Posteriormente Tertuliano (c. 200), al referirse a las Escrituras cristianas, las llamó «Nuevo Testamento». Bruce, *op. cit.*, pp. 84-86; Turro y Brown, *op. cit.*, pp. 88-89.

jugó un papel fundamental en la predicación del evangelio
a los paganos (Hch 14.8-18; 17.16-32).

El Nuevo Testamento es testigo del uso sistemático de la
Septuaginta en la educación, predicación y apologética de
los primeros creyentes (cf. Ro 8.20 y Ec 1.2; 12.8 gr.).[33] Es
importante señalar, además, que en las Escrituras cristianas
también hay citas y alusiones a las adiciones deuterocanó-
nicas de la Septuaginta (cf. Ro 1.18-32 y Sab 12—14; cf. Ro
2.1-11 y Sab 11—15; cf. Heb 11.35b-38 con 2 Mac 6.18—
7.41 y 4 Mac 5.3—18.24). El Nuevo Testamento también
contiene referencias o alusiones a libros que inclusive no
se encuentran en la Septuaginta (cf. Jud 14-16 y 1 Enoc
1.9).[34]

La gran aceptación de la Septuaginta entre los primeros
cristianos hizo que la comunidad judía, con el paso del
tiempo, rechazara esa traducción griega como una versión
adecuada de las Escrituras hebreas. En discusiones teológicas en torno al nacimiento de Jesús, los cristianos citaban
el texto griego de Isaías para indicar que la «virgen», no «la
joven», «daría a luz» (cf. Mt 1.23 e Is 7.14 gr.). Además,
incluso algunos manuscritos de la Septuaginta contienen
adiciones cristianas a textos del Antiguo Testamento (p.e.,
Sal 13; 95).[35]

Cuando las discusiones teológicas entre judíos y cristianos demandaron un análisis exegético riguroso, la Septuaginta (que en algunas secciones demostraba un estilo libre
en la traducción y que, además, se basaba en un texto hebreo

---

33. La edición del 1979 del Nuevo Testamento en griego de Nestle-Aland,
    (pp. 897-904) incluye una lista de citas del Antiguo Testamento en el
    Nuevo. Esa lista identifica las citas y las alusiones a la Septuaginta y
    a otras versiones griegas del Antiguo Testamento. Véase además,
    Robert G. Bratcher, ed., *Old Testament Quotations in the New Testa-
    ment*, UBS, Londres, 1967.
34. Bruce, *op. cit.*, pp. 48-52.
35. Wurthwein, *op. cit.*, p. 53.

antiguo) fue relegada y condenada en los círculos judíos. Posiblemente ese rechazo judío explica el porqué la mayoría de los manuscritos de la Septuaginta que se conservan el día de hoy provenga de grupos cristianos.[36]

Una vez la comunidad judía rechazó la Septuaginta, se necesitó una versión griega que la sustituyera. Entre esas nuevas traducciones de las Escrituras hebreas al griego se pueden identificar tres: las versiones de Aquila y Symmachus, y la revisión de Teodocio. Copias de estas traducciones al griego se encuentran en la famosa Hexapla de Orígenes.[37]

Aquila, que era un discípulo del gran rabí Akiba,[38] produjo una versión extremadamente literal de los textos hebreos.[39] Aunque el vocabulario usado revela dominio del griego, la traducción manifiesta un literalismo extremo y un apego excesivo a las estructuras lingüísticas del texto base hebreo. Posiblemente por esas mismas características esta traducción griega sustituyó la Septuaginta y fue muy popular en círculos judíos por el año 130 d.C.

La traducción de Symmachus (c. 170 d.C.)[40] se distingue no sólo por su fidelidad al texto hebreo, sino por el buen uso del idioma griego. De acuerdo a Eusebio y San Jerónimo, Symmachus era un judío cristiano ebionita.[41]

---

36. Bruce, *op. cit.*, pp. 45-46.
37. Orígenes era un teólogo cristiano de Alejandría que durante los años 230-240 d.C. compiló diversos textos de las Escrituras hebreas en columnas paralelas. El orden de las versiones en la Hexapla es el siguiente: 1) el texto hebreo; 2) el texto hebreo transliterado al griego; 3) Aquila; 4) Symmachus; 5) la Septuaginta; 6) Teodocio.
38. En torno a Aquiba, véase R. Goldenberg, «Akiba, Rabbi», en *ABD*, vol. 1, pp. 137-138.
39. Wurthwein, *op. cit.*, p. 53; Bruce, *op. cit.*, p. 53.
40. Wurthwein, *op. cit.*, pp. 53-54.
41. Según Epifanio, Symmachus era un samaritano convertido al judaísmo; véase L.J. Greenspoon, «Symmachus, Symmachus's version», en *ABD*, vol. 6, p. 251.

Teodocio, de acuerdo a la tradición eclesiástica,[42] era un prosélito que revisó una traducción al griego ya existente, basado en los textos hebreos. Algunos estudiosos piensan que la traducción revisada fue la Septuaginta; otros, sin embargo, opinan que el texto base de Teodocio fue anterior a la versión de los Setenta.[43]

La iglesia y el canon

Una vez finalizado el período del Nuevo Testamento, la iglesia continuó utilizando la Septuaginta en sus homilías, debates y reflexiones teológicas. Una gran parte de los escritores cristianos de la época utilizaban libremente la Septuaginta y citaban los libros que no se encontraban en el canon hebreo.

La iglesia Occidental, a finales del siglo IV, aceptó un número fijo de libros del Antiguo Testamento, entre los cuales se encuentran algunos deuterocanónicos que aparecen en la Septuaginta. Los teólogos orientales, por su parte, seguían el canon hebreo de las Escrituras. Tanto Orígenes como Atanacio insisten en que se deben aceptar en el canon únicamente los 22 libros del canon judío; y San Jerónimo, con su traducción conocida como «Vulgata Latina», propagó el canon hebreo en la iglesia Occidental.[44]

A través de la historia, la iglesia ha hecho una serie de declaraciones en torno al canon de las Escrituras. Al principio, estas declaraciones se hacían generalmente en forma de decretos disciplinarios;[45] posteriormente, en el Concilio

---

42. Wurthwein, *op. cit.*, p. 54.
43. L.J. Greenspoon, «Theodotion, Theodotion's version», en *ABD*, vol. 6, pp. 447-448.
44. Turro y Brown, *op. cit.*, pp. 69-70.
45. Entre los concilios que hicieron declaraciones importantes referentes al canon se pueden identificar los siguientes: El Concilio de Laodicea

de Trento, el tema del canon se aborda de forma directa y dogmática.

El Concilio de Trento se convocó en el año 1545 en el entorno de una serie de controversias con grupos reformados en Europa.[46] Entre los asuntos a considerar se encontraba la relación entre la Escritura y la tradición, y su importancia en la transmisión de la fe cristiana.

En el Concilio se discutió abiertamente la cuestión del canon, y se promulgó un decreto con el catálogo de libros que estaban en el cuerpo de las Escrituras y tenían autoridad dogmática y moral para los fieles.[47] Se declaró el carácter oficial de la Vulgata Latina y se promulgó la obligación de interpretar las Escrituras de acuerdo a la tradición de la iglesia, no según el juicio de cada persona. Además, el Concilio aceptó con igual autoridad religiosa y moral los libros Protocanónicos y Deuterocanónicos, según se encontraban en la Vulgata.[48]

Entre los reformadores siempre hubo serias dudas y reservas en torno a los libros Deuterocanónicos. Finalmente los rechazaron por las polémicas y encuentros con los católicos.[49]

(c. 360); el Concilio de Roma (382); y el Concilio de Florencia (1442). A. Paul, *op. cit.*, pp. 52-54.

46. J.L. González, *La era de los Reformadores*, Editorial Caribe, Miami, 1980, pp. 65-75.

47. Este decreto tenía una importancia histórica particular: en los prefacios a su Nuevo Testamento de 1522, Lutero había descartado los libros Deuterocanónicos y había cuestionado la inspiración de Hebreos, Santiago, Judas y Apocalipsis. A. Paul, *op. cit.*, p. 53. Hans Küng, *La Iglesia*, Herder, Barcelona, 1975, pp. 375-380,425,501. L. Hertling, *Historia do la Iglesia*, Herder, Barcelona, 1989, pp. 330-347.

48. Las copias de la Vulgata contienen frecuentemente los libros de «1 y 2 Esdras» y «La oración de Manasés», sin embargo estos no fueron aceptados por el Concilio. Véase: D.C. Parker, «Vulgate», en *ABD*, vol. 6, pp. 860-862.

49. En el resumen de las respuestas reformadas a la situación del canon seguimos a Turro y Brown, *op. cit.*, pp. 71-73.

8

Lutero, en su traducción del 1534, agrupó los libros
Deuterocanónicos en una sección entre los dos Testamentos, con una nota que indica que son libros «apócrifos», y
que aunque su lectura es útil y buena no se igualan a la
Sagrada Escritura. La Biblia de Zurich (1527-29), en la cual
participó Zwinglio, relegó los libros Deuterocanónicos al
último volumen, pues no los consideró canónicos. La Biblia
Olivetana (1534-35), que contiene un prólogo de Juan Cal-
vino, incluyó los Deuterocanónicos aparte del resto del
canon. La Iglesia Reformada, en sus confesiones «Galicana»
y «Bélgica», no incluyó los Deuterocanónicos. En las declaraciones luteranas se prestó cada vez menos atención a los
libros Deuterocanónicos.

En Inglaterra la situación fue similar al resto de la Europa
Reformada. La Biblia de Wyclif (1382) incluyó únicamente
el canon hebreo. Y aunque la Biblia de Coverdale (1535)
incorpora los Deuterocanónicos, en «Los Treinta y Nueve
Artículos» de la Iglesia de Inglaterra[50] se dice que esa
literatura no debe emplearse para fundamentar ninguna
doctrina. La versión «King James» (1611) imprimió los
Deuterocanónicos entre los Testamentos.[51]

La traducción al castellano de Casiodoro de Reina, publicada en Basilea en el 1569, incluía los libros Deuterocanónicos de acuerdo al orden de la Septuaginta. La posterior
revisión de Cipriano de Valera, publicada en Amsterdam en
1602, agrupó los libros Deuterocanónicos entre los Testamentos.

La Confesión de Westminster (1647) reaccionó al Concilio de Trento y a las controversias entre católicos y protestantes: afirmó el canon de las Escrituras hebreas. En su
declaración en torno al canon, la Confesión indica que

---

50. Bruce, *op. cit.*, pp. 105-106.
51. S. Pagán, «La Revisión Valera de la Traducción Reina...», *La Biblia en las Américas*, UBS, Miami, 1989, pp. 10-11.

como los Deuterocanónicos (identificados como «Apócrifa») no son inspirados por Dios, no forman parte del canon de la Escritura y, por consiguiente, carecen de autoridad en la iglesia; indica, además, que pueden leerse sólo como escritos puramente humanos.[52] De esa forma se definió claramente el canon, entre las comunidades cristianas que aceptaban la Confesión de Westminster.

El problema de la aceptación de los Apócrifos o Deuterocanónicos entre las comunidades cristianas luego de la Reforma se atendió básicamente de tres maneras: 1) Los Deuterocanónicos se mantenían en la Biblia, pero separados (alguna nota indicaba que estos libros no tenían la misma autoridad que el resto de las Escrituras); 2) De acuerdo al Concilio de Trento, tanto los libros Deuterocanónicos como los Protocanónicos se aceptaban en la Biblia con la misma autoridad; 3) Basados en la Confesión de Westminster, se aceptaba la autoridad y se incluía en las ediciones de la Biblia únicamente el canon hebreo.[53]

Luego de muchas discusiones teológicas y administrativas, la «British and Foreign Bible Society» decidió, en el 1826, publicar Biblias únicamente con el canon hebreo del Antiguo Testamento.[54] La Biblia de Reina-Valera se publicó por primera vez sin los Deuterocanónicos en el 1850.[55]

En torno a los Apócrifos o Deuterocanónicos, las iglesias cristianas han superado muchas de las dificultades que durante siglos les separaban. Ya la polémica y la hostilidad han cedido el paso al diálogo y la cooperación interconfesional. En la actualidad grupos católicos y protestantes trabajan juntos para traducir y publicar Biblias.[56] Esta literatura,

52. Bruce, *op. cit.*, pp. 109-111; Turro y Brown, *op. cit.*, p. 72.

53. G. Báez-Camargo, *op. cit.*, p. 27.

54. Bruce, *op. cit.*, pp. 111-114.

55. Báez-Camargo, *op. cit.*, p. 77.

56. *Normas para la cooperación interconfesional en la traducción de la Biblia*, Imprenta Políglota Vaticana, Roma, 1987.

lejos de ser un obstáculo para el diálogo y la cooperación
entre creyentes, es un recurso importante para estudiar la
historia, las costumbres y las ideas religiosas del período
que precedió el ministerio de Jesús de Nazaret y la actividad
apostólica de los primeros cristianos.

CAPÍTULO 4

Escribe las cosas que has visto

El texto hebreo del Antiguo Testamento tomó forma a través de los años. Su historia comienza en la etapa de transmisión oral de los poemas, oráculos y narraciones, prosigue durante el importante período de redacción de manuscritos (como se señala en el pasaje de Ap 1.19) y continúa hasta la época de la producción y distribución de Biblias impresas en la Edad Media. En el largo proceso de transmisión textual del Antiguo Testamento se pueden identificar complejidades y problemas difíciles de resolver; sin embargo, el estudio de ese largo proceso de redacción y transmisión es fundamental para la comprensión adecuada de las dificultades que presentan las variantes y las diferencias entre los diversos manuscritos hebreos disponibles en el día de hoy.[1]

---

1. Los siguientes libros presentan diversos aspectos de los problemas relacionados con el estudio y la crítica del texto del Antiguo Testamento: E. Tov, *Textual Criticism of the Hebrew Bible*, Minneapolis, Fortress, 1992; __, «Textual Criticism», *The Anchor Bible Dictionary*, vol. 6, Doubleday, NY, 1992, pp. 393-412; E. Würthwein, *The Text of the Old Testament*, Eerdmans, Grand Rapids, MI, 1979; G. Báez-Camargo, *Breve historia del texto bíblico*, SBU, México, 1984; P.W. Skehan, G.W. MacRae y R. Brown, «Textos y versiones», *Comentario*

Gracias a importantes descubrimientos de manuscritos antiguos en el desierto de Judá, y a la continua y dedicada evaluación de esos documentos, poseemos en el día de hoy una mejor comprensión de los problemas relacionados con la llamada «crítica textual». Esta disciplina, aplicada a los manuscritos del Antiguo Testamento, estudia los diversos textos hebreos,[2] analiza la relación entre ellos, evalúa las formas que se utilizaron para copiar los documentos y, además, intenta describir el proceso de transmisión de los manuscritos. La crítica textual moderna pondera principalmente la información que se obtiene de la transmisión de los diversos manuscritos; su finalidad no es explicar el crecimiento literario de los diferentes libros de la Biblia, sino evaluar científicamente los problemas relacionados con la transmisión de los documentos bíblicos. Los resultados de esta disciplina contribuyen considerablemente a la exégesis y a la comprensión de textos difíciles.

El texto del Antiguo Testamento ha llegado a la época actual en diversos idiomas y en diferentes versiones. Quienes estudian los manuscritos de los textos antiguos poseen actualmente documentos de más de dos mil años.[3] Y, aunque muchos de estos «testigos» del texto bíblico son fragmentos

---

Bíblico «San Jerónimo», vol. 5, Cristiandad, Madrid, 1972, pp. 161-240. Las obras de Tov son fundamentales en el estudio de la llamada «crítica textual», pues incorporan en el análisis los descubrimientos del Mar Muerto.

2. El Antiguo Testamento está mayormente escrito en lengua hebrea, pero contiene también una serie de porciones en arameo; p.e., Dan 2.4b—7.28, Esd 4.8—6.18; 7.12-26; y Jer 10.11. En nuestro análisis del texto hebreo incorporamos también la transmisión de las secciones arameas.

3. Antes de los descubrimientos del Mar Muerto, los textos más antiguos eran del siglo IX d.C., con la excepción del Papiro Nash que proviene del siglo II o I a.C.; D. Ewert, *From Ancient Tablets to Modern Translations*, Zondervan, Grand Rapids, 1983, pp. 91-93.

breves, contribuyen de forma sustancial a la evaluación adecuada del texto bíblico.[4]

La comparación y el análisis de estos diversos testigos es una preocupación fundamental de la crítica textual. La necesidad de ese tipo de estudio textual de la Escritura se desprende de lo siguiente: diferencias entre los diversos «testigos» del texto bíblico; errores, correcciones y cambios en los documentos; y diferencias entre textos paralelos en los documentos estudiados.

La historia de la transmisión del texto hebreo del Antiguo Testamento es importante por varias razones: revela el cuidado con que los copistas trabajaron con los documentos a través de las generaciones; pone de manifiesto las posibilidades y las limitaciones de los primeros traductores e intérpretes de esta literatura; y sirve de base para comprender los problemas relacionados con la transmisión de textos sometidos a un proceso largo de traducción y reproducción. Ningún manuscrito original ha llegado hasta el día de hoy. Los «autógrafos», es decir, los originales de los libros de la Biblia, no están disponibles para estudio, si es que existieron en forma escrita alguna vez. Únicamente poseemos copias de copias de manuscritos.

Formas y medios de escritura

La historia de la escritura hebrea se puede dividir en dos períodos. Hacia el siglo XI a.C., y por la influencia de los fenicios, se desarrolló en Israel un tipo de escritura conocida como «paleo-hebrea». En esa forma se deben haber

---

4. Entre los «testigos» de importancia se estudian los siguientes: el Texto Masorético, el Pentateuco Samaritano y los textos descubiertos en el desierto de Judá; además se analizan las versiones antiguas (particularmente la Septuaginta y la Vulgata), y otros testigos, como el Papiro Nash. Tov, *op. cit.*, pp. 21-154.

escrito las secciones preexílicas del Antiguo Testamento.[5] El segundo tipo de escritura se conoce como «cuadrada» o siria. Casi todos los manuscritos y los fragmentos hebreos más antiguos que se han preservado presentan este tipo de escritura. Esa grafía se utilizaba en tiempos de Jesús,[6] y surgió en el siglo V a.C., por la influencia del arameo.

En los tiempos bíblicos se utilizaban diversos medios para escribir: por ejemplo, tablas de piedra (Éx 31.4), madera y barro. La arqueología ha descubierto, además, que se escribía en vasijas, piezas de cerámica y en rollos de cobre.[7] Sin embargo, estos materiales eran útiles para escribir sólo textos breves. Para la escritura de documentos extensos se necesitaban papiros o cueros.[8]

El papiro, que se conocía en Egipto desde el tercer milenio a.C., se fabricaba de una especie de caña que crecía antiguamente en el Nilo. Se conservaba muy mal: en ambientes secos era muy frágil, y si se humodocía, se deterioraba. En un clima desértico, como el de Egipto, se preservaba por períodos considerables.

Hacia el siglo II d.C. se desarrolló en Pérgamo una nueva técnica de producir materiales para la escritura: el pergamino, que se fabricaba con pieles de vacas, cabras y, especialmente, ovejas. No se curtía como el cuero: la piel se raspaba, se blanqueaba con yeso y se pulía. Era muy resistente, de

---

5. Würthwein, *op. cit.*, p. 5.
6. La referencia a la «jota» en Mt 5.18 alude a la escritura «cuadrada» del hebreo.
7. Würthwein, *op. cit.*, p. 6.
8. Un magnífico ejemplo de la escritura sobre cuero es el manuscrito de Isaías encontrado en las cuevas de Qumrán, a orillas del Mar Muerto; tiene una longitud de 7,34 m. Tov, *op. cit.*, pp. 203-204. Entre las ventajas del cuero sobre el papiro se pueden identificar la durabilidad y la facilidad en el uso. Las regulaciones judías requieren, aún el día de hoy, que los libros de la Ley destinados para el uso litúrgico deben copiarse sobre cuero de un animal ritualmente puro.

empleo cómodo y se utilizaba por ambos lados; además, se podía borrar lo escrito y usar nuevamente.[9]

En la antigüedad, los manuscritos se disponían en forma de rollos de papiro o cuero. Esta forma manifiesta el inconveniente de no poder contener manuscritos de extensión considerable, pues eran difíciles de manejar. La mayoría de los libros de la Biblia circulaban en rollos separados; y en algunas secciones, como en el Pentateuco, la división de los libros puede revelar la capacidad de manejar los rollos.[10]

Con la invención del codex en el primer siglo de la era cristiana, se facilitó considerablemente el manejo de documentos. Los códices hicieron posible la edición de los libros de la Biblia en un solo volumen. Además, facilitaron la identificación de referencias bíblicas. Los manuscritos de la Biblia comenzaron a reproducirse en códices desde los siglos II y III d.C., en contraposición de la literatura pagana. Ya en el siglo IV los códices eran de uso común para la transmisión de documentos bíblicos.

Los instrumentos que se utilizaban para escribir eran variados. Para grabar en piedra se usaba un punzón o cincel de hierro con punta de diamante (Jer 17.1) o de plomo (Job 19.24). Sobre papiros y pergaminos se utilizaban los «cálamos» o las plumas, que se elaboraban de cañas con la punta afilada y cortada. La tinta se preparaba del hollín de las lámparas de aceite o de hojas de roble.[11]

De acuerdo al Talmud, la metodología para copiar los manuscritos requería lo siguiente: se permitía únicamente el uso de pieles de animales ritualmente puros; las columnas

---

9. La vitela manifiesta una calidad superior al pergamino. Se preparaba de animales jóvenes (p.e., cordero, cabrito y ternera), preferiblemente muertos al nacer. A partir del siglo XIII d.C., se utilizó mayormente para manuscritos de lujo. J.P. Bagot y J.C. Dubs, *Para leer la Biblia*, Verbo Divino, Navarra, 1991, p. 28.
10. Würthwein, *op. cit.*, p. 9.
11. Bagot y Dubs, *op. cit.*, p. 30; Würthwein, *op. cit.*, pp. 10-11.

de los rollos debían tener entre cuarenta a sesenta líneas;
las páginas debían primero subrayarse y las letras se unían
a las líneas; la elaboración de la tinta seguía una serie de
especificaciones, y debía ser negra; antes de escribir las
letras o las palabras, el escriba debía pronunciarlas; cada
vez que escribía el nombre de Dios (YHWH), debía limpiar
la pluma; las nuevas copias debían revisarse dentro de los
treinta días de haber sido terminadas, si se encontraban más
de tres errores en una hoja, todo el manuscrito se desechaba;
se debía contar cada letra y cada palabra del texto; había,
además, una serie de regulaciones para escribir las letras y
las separaciones entre ellas.[12]

Los rabinos tenían en tanta estima la Escritura que cuando los manuscritos se deterioraban, por el uso o las incle-
mencias del tiempo, se disponía de ellos reverentemente.
El *genizá* era el depósito de manuscritos en las sinagogas, y
servía para evitar el uso indebido de los textos y la profana-
ción de los documentos sagrados. Una vez que el *genizá*
estaba lleno de manuscritos, se procedía a enterrarlos, luego
de una elaborada ceremonia.[13]

La historia de la transmisión del texto del Antiguo Testamento puede dividirse en tres períodos de importancia:
el antiguo (c. 250 a.C.—135 d.C.); el medieval (135—1376
d.C.); y el moderno (desde el 1477).[14] Antes de los descubrimientos de Qumrán,[15] los manuscritos más antiguos

12. Ewert, *op. cit.*, p. 87; F.G. Kenyon, *The Story of the Bible*, Eerdmans, Grand Rapids, 1967, p. 13.
13. En una sinagoga de El Ciro, al final del siglo XIX, se descubrieron más de 200,000 fragmentos de manuscritos bíblicos y extrabíblicos. De particular importancia fue el descubrimiento del texto hebreo, casi completo, de la Sabiduría de Jesús ben Sira (antes sólo se conocía en griego) y del Documento Zadoquita; Würthwein, *op. cit.*, p. 33.
14. Skehan, MacRae y Brown, *op. cit.*, p. 166.
15. La mayoría de los manuscritos disponibles provienen del período medieval por dos razones básicas: las regulaciones judías requerían

provenían de los siglos IX al XI d.C.;[16] con la excepción del Papiro Nash, que propiamente es un documento litúrgico: contiene el Decálogo, de acuerdo a los libros de Éxodo y Deuteronomio.

Manuscritos hebreos[17]

Para el estudio del texto del Antiguo Testamento se dispone de manuscritos en hebreo y en otros idiomas. Esos «testigos» son la base fundamental de la crítica textual. El análisis de los documentos requiere, en primer lugar, que se evalúen los textos hebreos; más tarde las traducciones antiguas se retraducen al hebreo y se comparan con los manuscritos hebreos disponibles.[18]

A. *El Texto Masorético*

El texto hebreo que se ha preservado en los manuscritos que han servido de base para las ediciones contemporáneas de la Biblia Hebraica quedó prácticamente fijo luego del llamado «Concilio» de Jamnia, a finales del siglo I d.C.[19] Se

_____

que los documentos deficientes o en mal estado debían eliminarse; además, las persecuciones contra los judíos incluía la destrucción de los documentos religiosos. Würthwein, *op. cit.*, p. 13.

16. Entre los manuscritos más importantes, antes de los descubrimientos en Qumrán, se encuentran los siguientes: el Codex de los Profetas Anteriores y Posteriores (895 d.C.); el Codex Aleppo del Antiguo Testamento (930 d.C.); el Codex del Pentateuco del Museo Británico (850 d.C.); el Antiguo Testamento de Leningrado (1000 d.C.); el Codex leningradense de los Profetas (916 d.C.); y el Codex Reuchlin de los Profetas (1105 d.C.). Ewert, *op. cit.*, p. 91.

17. Comentaremos en esta sección únicamente los manuscritos mayores; para el análisis de los testigos menores (p.e., el Papiro de Nash), véase Tov, *op. cit.*, pp. 118-121; Würthwein, *op. cit.*, pp. 33-37.

18. Ejemplos del uso de esta metodología pueden encontrarse en las obras de Tov, *op. cit.*, pp. 293-310, y Würthwein, *op. cit.*, pp. 111-117.

19. Würthwein, *op. cit.*, p. 15.

conoce como «masorético» porque su forma actual procede de la labor de los eruditos judíos llamados «los masoretas».[20]

El Texto Masorético es el resultado de la combinación de cinco elementos: el texto bíblico consonántico (sin el sistema de las vocales); ciertas particularidades paratextuales (p.e., división de párrafos); la Masora, que consiste en una serie de referencias y comentarios al texto bíblico para facilitar su comprensión y transmisión; el sistema de vocalización; y los signos para los cánticos. Aunque en términos técnicos, la Masora identifica únicamente a uno de los componentes del texto, por lo general se relaciona con todo el sistema que acompaña al texto hebreo consonántico.

La contribución de los masoretas al texto hebreo fue fundamental. Con sumo cuidado y reverencia transmitieron los mejores manuscritos hebreos a través de las generaciones, preservando de esa forma documentos de gran valor religioso, histórico y lingüístico para la humanidad. Además, incorporaron al texto la Masora:[21] una serie importante de ayudas para la pronunciación y comprensión de los manuscritos.

---

20. La tradición de escribas judíos que se dedicaron a la transmisión del texto bíblico es extensa: los *shoferim* o escribas, en el período intertestamentario; los *tannaim* o repetidores (maestros), durante los primeros 200 años de la era cristiana; los *amoraim* o expositores, hasta el año 500; y finalmente los *masoretas*, por los años 500 al 1000. La labor de los masoretas se llevó a efecto tanto en Palestina como en Babilonia. Ewert, *op. cit.*, p. 87.

21. La Masora se divide en *Masora marginalis*, que se imprime en los márgenes del texto, y la *Masora finalis*, incorporada al final de la edición en forma alfabética. La *Masora marginalis*, a su vez, se divide en *Masora parva*, en los márgenes laterales, y la *Masora magna*, en la parte superior e inferior del manuscrito. Würthwein, *op. cit.*, pp. 27-28.

B. El Pentateuco Samaritano

El Pentateuco Samaritano es un texto hebreo antiguo; su importancia reside en que es independiente a la tradición de los masoretas. El ejemplar conocido más antiguo es el texto de Abisha y se conserva en la comunidad de Nablús. Aunque los samaritanos sostienen que fue preparado por Josué, «trece años después de la conquista de Canaán», la copia disponible se ha fechado en el siglo XI d.C.; la tradición textual posiblemente proviene del siglo II a.C.[22] El carácter del documento es armonizante y amplificativo; p.e., se amplían los relatos de «las plagas de Egipto»; y se expande el texto de Éxodo, de acuerdo a los relatos del Deuteronomio.[23]

Las diferencias entre el Texto Masorético y el Pentateuco Samaritano son numéricamente considerables (aprox. 6,000), aunque no afectan sustancialmente la comprensión de los pasajes. Es importante destacar que en unas dos mil variantes, el Pentateuco Samaritano coincide con la Septuaginta contra el Texto Masorético.[24]

C. Los manuscritos de Qumrán

Los manuscritos descubiertos en Qumrán representan diferentes tradiciones textuales, incluyendo las del Texto Masorético y la del Pentateuco Samaritano. Esos descubrimientos proveen información valiosa en torno a la situación de los textos bíblicos en Palestina en un período de transmisión textual importante: c. 250 a.C al 68 d.C.[25]

---

22. Tov, *op. cit.*, pp. 84-100.
23. Skehan, MacRae y Brown, *op. cit.*, p. 175.
24. Würthwein, *op. cit.*, pp. 42-44.
25. Una contribución fundamental de Qumrán a los estudios bíblicos es el descubrimiento del texto ampliado de 1 Samuel 10, en el cual se explica la hostilidad de los amonitas contra los israelitas.

En Qumrán se han encontrado copias de todos los libros del Antiguo Testamento, con la posible excepción de Ester.[26] Además, se han descubierto manuscritos de libros apócrifos y pseudoepígrafos. Los textos manifiestan diversidad en fechas de composición, formatos, escritura, ortografía y origen. Aunque se encontró un manuscrito con los sesenta y seis capítulos del libro de Isaías, muchos de los textos descubiertos están en forma fragmentaria.[27]

Los descubrimientos del Mar Muerto han contribuido destacadamente al estudio del texto del Antiguo Testamento: han permitido una mejor comprensión de pasajes y palabras difíciles del texto hebreo; han brindado valiosa información en torno a la metodología de transmisión de los manuscritos; y han puesto de manifiesto la importancia y el valor de algunas versiones antiguas (p.e., la Septuaginta).

Traducciones antiguas

El objetivo de la crítica textual del Antiguo Testamento es identificar y evaluar las variantes en los textos hebreos disponibles. Para lograr ese objetivo es necesario estudiar, junto a los manuscritos hebreos, las versiones antiguas. Esas versiones están basadas en manuscritos hebreos antiguos que pueden ayudar en la comprensión de los problemas de transmisión textual.[28] Entre las versiones antiguas más importantes se encuentran textos en griego, arameo, sirio, latín y árabe.

---

26. Tov, *op. cit.*, pp. 103-105.
27. Würthwein, *op. cit.*, p. 32.
28. No todas las diferencias entre documentos se relacionan con las bases textuales: algunas se deben a decisiones exegéticas; otras, a diferencias en las técnicas de traducción; y aun otras, al deterioro de los manuscritos.

Aunque el estudio de las versiones en la crítica textual del Antiguo Testamento se mantendrá durante los próximos años, su importancia ha disminuido. Los nuevos manuscritos descubiertos en el desierto de Judá anteceden por siglos las copias de los manuscritos de las versiones antiguas.

A. La Septuaginta

La Septuaginta (LXX) o versión de los Setenta es la traducción al griego del Antiguo Testamento hebreo. Además de su contribución a los estudios del texto bíblico hebreo, esta versión es muy importante porque sirvió de base para la predicación evangélica primitiva: fue el vehículo literario para los evangelistas de la iglesia (Hch 8.26-40). Representa la forma en que se utilizó el Antiguo Testamento durante la época apostólica.

El origen de la Septuaginta se relaciona con los judíos de Alejandría, alrededor del año 250 a.C. Primeramente se tradujo al griego el Pentateuco, luego el resto del Antiguo Testamento. En el documento conocido como «La carta de Aristeas» se presenta el origen legendario de la versión.[29]

Referente a esta versión es importante indicar lo siguiente: la Septuaginta es una colección de manuscritos griegos preparados por diversas personas. Los traductores manifiestan diferencias en la metodología de traducción y demuestran diversos niveles de dominio del hebreo y del griego. Esas características requieren que la crítica textual utilice la Septuaginta con juicio y sabiduría. Cada libro debe ser evaluado según sus propias características y méritos.

Entre las virtudes de esta versión para la crítica textual se pueden identificar las siguientes: presenta un número considerable de variantes textuales en todos los libros; y, como la traducción en varias secciones es extremadamente

---

29. Würthwein, *op. cit.*, pp. 49-53.

literal, el texto se puede retraducir al hebreo y reconstruir la base de la traducción.

B. Otras versiones griegas

Otros textos griegos de importancia para el estudio del texto del Antiguo Testamento son: la versión de Aquila, la revisión de Teodocio y la versión de Symmachus.

La versión de Aquila (que era un prosélito de Sinope, en Ponto, discípulo del Rabino Akiba) es extremadamente literal. Aunque el traductor manifiesta buen conocimiento del griego, su objetivo era producir una traducción que reprodujera las particularidades del hebreo. Esa misma característica la hace útil para el estudio del texto hebreo.[30]

Teodocio era un prosélito, según la tradición de la iglesia, que en el siglo II d.C. revisó una traducción griega basado en el texto hebreo. Los estudiosos no están de acuerdo en la identificación del texto griego básico: para algunos era la Septuaginta; según otros, revisó un texto anterior.[31]

Symmachus preparó una nueva traducción griega del Antiguo Testamento alrededor del año 170 d.C. El objetivo era producir una versión fiel a la base textual hebrea y, al mismo tiempo, utilizar adecuadamente el griego. De acuerdo a Eusebio y San Jerónimo, Symmachus era un cristiano de origen ebionita; según Epifanio, un samaritano convertido al judaísmo.[32]

Estas tres versiones griegas de la Biblia están incluidas en la gran obra de Orígenes. El objetivo de «La Hexapla» era ayudar a los cristianos en sus discusiones exegéticas con los judíos. El volumen se organizó en seis columnas: 1) el texto hebreo; 2) el texto hebreo transliterado al griego; 3)

30. *Ibid.* p. 53.
31. *Ibid.*, p. 54.
32. *Ibid.*, pp. 53-54.

Aquila; 4) Symmachus; 5) la Septuaginta; y 6) Teodocio. El orden de las versiones en la presentación corresponde a su relación con el original hebreo.[33]

C. Versiones en otros idiomas

«La Peshita» es la traducción de la Biblia al sirio.[34] La calidad de su traducción varía de libro en libro; en algunas secciones es literal y en otras es libre. La base textual es similar al Texto Masorético.[35]

«Los targúmenes» son traducciones ampliadas del texto hebreo al arameo.[36] Su utilidad para los estudios textuales del Antiguo Testamento varía entre targúmenes y entre libros. Por lo general, la base textual son manuscritos en la tradición masorética.[37]

A partir del 389 d.C., San Jerónimo se dio a la tarea de traducir el Antiguo Testamento al latín, utilizando como base el texto hebreo, no la Septuaginta como era la costumbre cristiana. Aunque el traductor tenía un buen dominio del hebreo, la traducción revela un interés particular por destacar las implicaciones mesiánicas del Antiguo Testamento. El texto básico de la traducción es de la tradición masorética.[38]

Problemas textuales

Uno de los objetivos de la crítica textual es, en primer lugar, identificar las dificultades en el texto hebreo para,

---

33. *Ibid.*, pp. 55-57.
34. *Peshita* significa «traducción», y se utiliza para designar la traducción de la Biblia en sirio, un dialecto del arameo.
35. Tov, *op. cit.*, pp. 151-153; Würthwein, *op. cit.*, pp. 80-83.
36. La palabra *targum* significa explicación, comentario o traducción.
37. P. Grelot, *Los targumes*, Verbo Divino, Navarra, 1987, pp. 5-9.
38. Skehan, MacRae y Brown, *op. cit.*, pp. 205-208.

posteriormente, remover los errores que se han incorporado en los manuscritos.[39] Esa finalidad requiere una comprensión clara de la naturaleza y la forma que manifiestan esos posibles errores textuales. Muchos factores pueden propiciar la incorporación involuntaria de errores en un manuscrito; por ejemplo, la lectura y la comprensión adecuada se dificulta, cuando el texto que sirve de base para la traducción o el copiado está en mal estado físico, o simplemente por la fatiga del escriba.

Los problemas textuales en los manuscritos del Antiguo Testamento se pueden catalogar de dos formas: los errores involuntarios relacionados con la lectura y escritura de los textos; y los cambios textuales debidos a las alteraciones voluntarias introducidas por los copistas.

Los errores involuntarios incluyen los cambios textuales introducidos en los manuscritos cuando los escribas escuchaban, leían o copiaban erróneamente alguna letra, palabra o frase.[40] Entre esos errores se pueden identificar los siguientes: 1) confusión de letras similares (Is 28.20);[41] 2) transposición de letras (Is 9.18); 3) haplografía (omisión de letras o palabras similares; Is 5.8; 38.11); 4) ditografía (repetición de alguna letra, palabra o frase; Is 30.30); 5) omisión de palabras similares o que tienen terminaciones idénticas (Is 4.5-6); 6) errores en la unión o división de palabras (Am 6.12; Is 2.20); 7) vocalización equivocada (Is 1.17); 8) e incapacidad de distinguir abreviaturas.

La alteraciones voluntarias de los copistas tienen el objetivo de superar dificultades textuales o teológicas. En

---

39. Würthwein, *op. cit.*, pp. 105-110; Tov, *op. cit.*, pp. 287-292.
40. En la obras de Würthwein y Tov se identifican las dificultades y se dan ejemplos de cada una de ellas.
41. Los ejemplos que se incluyen son generalmente de los manuscritos de Isaías, pues luego de los descubrimientos de Qumrán tenemos más información y documentación que nos permite hacer este análisis.

ese período de transmisión textual los manuscritos no se consideraban aún inalterables, y los escribas deseaban hacer bien su trabajo de transmitir y restaurar el texto verdadero. En sus labores debían evitar incomprensiones del mensaje y dificultades en la lectura de los textos. En algunas ocasiones, las añadiduras son letras o palabras que confirman una interpretación posible del texto. Como los manuscritos se utilizaban para la lectura pública en la liturgia, otras alteraciones intentaban evitar palabras raras, que podían ser malentendidas o pronunciadas de forma incorrecta (Is 39.1) o sustituir expresiones que podían ser religiosamente ofensivas (Job 1.5,11; 2.5,9). Las glosas y adiciones textuales pueden incluirse entre las alteraciones voluntarias de los copistas (1 R 18.19; cf. vv. 22-40).

Ediciones de la Biblia Hebrea

Entre las ediciones impresas de la Biblia Hebrea vamos a identificar únicamente las más importantes para el estudio del texto.[42]

Las primeras porciones del texto hebreo se imprimieron en Italia: inicialmente los Salmos, en 1477, y luego la Biblia completa, en 1488. Los judíos publicaron también Biblias rabínicas. Estas ediciones incluían no sólo el texto bíblico, sino targúmenes (traducciones arameas) y comentarios de exégetas destacados (p.e., Rashi, Ibn Ezra y Kimchi). La segunda Biblia rabínica de Jacobo ben Chayyim, publicada en 1524-25 (conocida como la Biblia Bombergiana) es muy importante entre las textos impresos, pues se convirtió en el texto hebreo estándar hasta el siglo XX.[43]

---

42. Würthwein, *op. cit.*, pp. 37-41; Tov, *op. cit.*, pp. 371-378.

43. Las primeras dos ediciones de la Biblia Hebraica de Kittel se basan en este texto.

Los eruditos cristianos, luego del año 1520, comenzaron a publicar las llamadas «Biblias Políglotas», en las cuales el texto hebreo se incluía en una de sus columnas.[44] En España, en el 1522, se publicó la «Políglota Complutense». Más tarde se publicó en Londres, en 1554-1557, la «Políglota Londinense» que incluía, además del texto hebreo, el Pentateuco Samaritano, un targum, la Septuaginta, la Vulgata, la Peshita y otras versiones, junto a un léxico y una gramática.

Otras ediciones cristianas de la Biblia Hebrea fueron preparadas por: J.H. Michaelis, en el 1699; Benjamin Kennicott (1718-1783); J.B. de Rossi, en 1784-1788; y S. Baer y Franz Delitzsch, luego del 1869. Auspiciados por la Sociedad Bíblica Británica y Extranjera, Christian D. Ginsburg (1894, 1908 y 1926) y Norman Snaith en (1958) también prepararon ediciones del texto hebreo. Para la Sociedad Bíblica de Alemania, Rudolf Kittel y Paul Kahle prepararon (1937) la tercera edición de la Biblia Hebraica (esta obra fue completada por A. Alt y O. Eissfeldt), y W. Rudolph y K. Elliger editaron la Biblia Hebraica Stuttgartensis (1967-1977; 1984). La importancia de estos textos es que constituyen la base de la gran mayoría de las traducciones modernas del Antiguo Testamento. También en Israel se prepara una nueva edición del texto hebreo: el *Hebrew University Bible Project*. Estas tres ediciones del texto hebreo se conocen como ediciones críticas, pues usan la base textual de un manuscrito e incorporan una serie de notas marginales con variantes entre manuscritos antiguos.[45]

---

44. Ewert, *op. cit.*, pp. 94-95.
45. Tov, *op. cit.*, pp. 370-378; Würthwein, *op. cit.*, pp. 39-41.

CAPÍTULO 5

Escritas con el dedo
de Dios

La belleza literaria del Antiguo Testamento ha sido reconocida y apreciada tanto por creyentes como por acadé-
micos a través de la historia. Por un lado, basta leer la
cantidad de poemas y narraciones que forman parte del
culto cristiano y de la sinagoga, o que han servido de
inspiración para la reflexión y contemplación. Por el otro,
una mirada al estudio científico de los géneros literarios de
la Biblia hebrea pone de manifiesto la importancia literaria
de las Escrituras.[1]

Sin embargo, esas virtudes literarias, que de acuerdo al
texto bíblico provienen del «dedo de Dios» (Dt 9.10), no
siempre se han tomado en consideración en la fundamental
tarea de analizar, interpretar, traducir y aplicar el mensaje
de la Biblia. Algunas personas piensan que el acercamiento
literario al estudio de las Sagradas Escrituras, que se compo-
nen de una gran cantidad de textos esencialmente teológicos

---

1. L. Alonso Schokel y E. Zurro, *La traducción bíblica: Lingüística y
estilística*, Cristiandad, Madrid, 1977; C. Buzzetti, *Traducir la Palabra*, Verbo Divino, Estella, Navarra, 1977; J.C. Margot, *Traducir sin
traicionar*, Cristiandad, Madrid, 1987; E.A. Nida y Ch.R. Taber, *La
traducción: teoría y práctica*, Cristiandad, Madrid, 1986.

y religiosos, no es adecuado; sin percatarse de la gran contribución de la aplicación de ese tipo de análisis a su estudio y comprensión. Por otro lado, no ha sido siempre fácil integrar los estudios literarios al análisis teológico. Los estudiosos en cada una de esas disciplinas casi siempre han desarrollado sus investigaciones desde una perspectiva independiente.[2] Finalmente, la falta de una definición precisa en torno a lo que constituye un «análisis literario» ha sido otro factor que ha demorado la inclusión de ese tipo de evaluación en los estudios bíblicos.[3]

El análisis literario de la Biblia, y en este caso del Antiguo Testamento, es la evaluación del texto sagrado que incorpora y utiliza las teorías y metodologías modernas para el estudio y la comprensión de la literatura universal.[4] Este tipo de análisis está muy interesado en evaluar los textos como un todo. La finalidad no está tan preocupada en determinar la historicidad de los hechos, ni en destacar las teorías que explican las fuentes escritas y orales que existen previas a los documentos. El objetivo es estudiar la Biblia

---

2. Los eruditos bíblicos son generalmente principiantes en el análisis científico de documentos literarios; y los críticos literarios por lo general no tienen estudios formales y sistemáticos en las ciencias bíblicas. Ambos grupos han utilizado un lenguaje similar, pero con diferente contenido semántico. Este reto metodológico ha variado la forma de hacer exégesis entre los estudiosos de la Biblia y ha incorporado las Sagradas Escrituras en el canon de documentos a estudiar en foros literarios.

3. Véase, p.e., la obra editada por R. Alter y F. Kermode, *The Literary Guide to the Bible*, Harvard University Press, Cambridge, 1987.

4. H. Fisch, *Poetry with a Purpose: Biblical Poetics and Interpretation*, University Press, Bloomington, IN, 1988; L. Gross, R Kenneth y et. at., *Literary Interpretations of Biblical Narratives*, 2 vols., Abingdom, Nashville, 1974; T. Longman III, *Literary Approaches to Biblical Interpretation*, Zondervan, Grand Rapids, MI, 1987; A. Preminger y E.L. Greenstain, ed., *The Hebrew Bible in Literary Criticism*, Unger, NY, 1986; R. Schwartz, *The Book and the Text: The Bible and Literary Theory*, Basil Blackwell, Cambridge, 1990.

para descubrir protagonistas, analizar temas centrales y secundarios y, entre otras preocupaciones fundamentales, identificar y evaluar los géneros literarios y el uso del lenguaje figurado.[5]

El valor literario del Antiguo Testamento se manifiesta inclusive en la reflexión de los escritores sagrados. El autor del libro de Eclesiastés, por ejemplo, presenta una conciencia clara de su responsabilidad literaria y revela sabiduría en la selección de opciones estilísticas y metodológicas disponibles; además, pone de manifiesto claramente su preocupación por la belleza estética y retórica (12.9-10). En las mismas páginas de la Biblia hebrea se identifican los escritos con precisión técnica (p.e., proverbios, poesías, crónicas, oráculos, etc.); y la lectura de los documentos revela que se han utilizado principios claros para producir narraciones y poesías con belleza literaria.

Naturaleza literaria del Antiguo Testamento

El Antiguo Testamento es un tipo de literatura complicada y extensa. Además de incluir mucho material, los temas que se incluyen son diversos, y los estilos y géneros literarios son variados. El proceso de composición fue largo y complejo, los autores son muchos y los especialistas no están siempre de acuerdo en torno a asuntos fundamentales (p.e., fechas de composición y autor); y lugar de redacción de los documentos e identificación de los destinatarios.[6]

---

5. Véase la obra de L. Ryken y T. Longman III, *A complete Literary Guide to the Bible*, Zondervan, Grand Rapids, MI, 1993; particularmente importantes son las bibliografías que se incluyen en cada capítulo del libro.

6. Entre las introducciones al Antiguo Testamento que pueden ayudar al lector pueden identificarse las siguientes: B.W. Anderson, *Understanding the Old Testament*, Prentice-Hall, Englewood Cliffs, NJ,

La realidad es que el Ántiguo Testamento contiene, por
los menos, tres tipos diferentes de materiales. El propósito
básico de los autores sagrados se relaciona con los aspectos
teológicos, históricos y literarios.[7] El Antiguo Testamento
es el recuento de las intervenciones maravillosas de Dios en
la historia del pueblo de Israel; y esos relatos, de naturaleza
eminentemente religiosa y teológica, se presentan, en efecto, en el marco de la historia nacional del pueblo. Los
autores, además, utilizaron categorías literarias que facili-
taban la comprensión de los temas y hechos que deseaban
destacar.

Los documentos de naturaleza literaria no tienen como
propósito primordial brindar alguna información novel al
lector u oyente. La finalidad fundamental es incentivar
algún tipo de experiencia. El encuentro entre el texto y el
lector, en el estudio literario, genera un diálogo que invita
a la reflexión y fomenta la creatividad. Los textos literarios
son generadores de nuevas ideas, y requieren interpretaciones múltiples. Las palabras empleadas están cargadas de
significados variados, y los giros del idioma insinúan y
evocan temas y asuntos que no están explícitos en los
textos. Esos mismos textos invitan al descubrimiento de
nuevos significados relacionados con las diferentes etapas
y experiencias de la vida.

El estudio literario del Antiguo Testamento requiere que
se establezca un diálogo fecundo entre el texto y el lector.
Ese diálogo puede desarrollarse en el entorno de una serie
de preguntas importantes: ¿Qué experiencia humana describe o destaca el texto? ¿Qué género literario se utilizó para

1975; N.K. Gottwald, *The Hebrew Bible: A Socio-Literary Introduction*, Fortress, Philadelphia, 1987; B.S. Childs, *Introduction to the Old Testament as Scripture*, Fortress, Philadelphia, 1982; W.H. Schmidt, *Introducción al Antiguo Testamento*, Sígueme, Salamanca, 1983.
7. Ryken y Longman III, *op. cit.*, pp. 15-16.

presentar el tema? ¿Cuál es el patrón o la estructura del pasaje? ¿Qué grado de belleza literaria manifiesta el texto? ¿Qué mecanismos o ayudas ha utilizado el autor para orientar al lector en el proceso interpretativo?[8]

En textos literarios el significado se encuentra tanto en las palabras como en el estilo y el género literario utilizados. La comprensión adecuada de este tipo de literatura requiere estar atento a la forma y al fondo, a la esencia y al ropaje, a lo que se dice y a lo que se insinúa. Esa preocupación por lo estético no es un lujo optativo en el análisis del Antiguo Testamento, sino un requisito indispensable para la interpretación adecuada de los pasajes. El objetivo, en el estudio retórico, no es describir e identificar los artificios literarios de los autores, ni siquiera es apreciar la imaginación y la creatividad de los escritores, sino determinar cómo esas particularidades estilísticas contribuyen fundamentalmente al sentido de los textos.

La belleza literaria y las imágenes empleadas en el Salmo 23, por ejemplo, transmiten un componente fundamental del significado. Los creyentes de muchas generaciones han encontrado en este poema inspiración, consolación y solaz. Este salmo ha acompañado a creyentes de diferentes culturas y edades desde tiempos inmemoriales. Sin embargo, para apreciar y disfrutar los niveles fundamentales de significado en el pasaje es esencial conocer el uso de la imagen del pastor en el Oriente Medio. En la antigüedad la palabra «pastor», en sentido figurado, se empleaba para describir al rey en sus funciones de protector y salvador del pueblo.[9] El mensaje del salmo no está cautivo en lo que se indica de

---

8. Ryken y Tremper, *op. cit.*, p. 19.
9. A. González, *El libro de los Salmos*, Herder, Barcelona, 1984, pp. 130-133. La misma imagen de «pastor» también se atribuye a Dios en el Antiguo Testamento (véase Gn 49.24; Is 40.11; Sal 79.13; 80.1; 95.7; 100.3).

forma explícita en el poema; el salmista lo insinúa en la imagen: Dios, como «pastor» y rey, es el protector y salvador de su pueblo.

Es muy importante reconocer y afirmar, en el acercamiento literario al Antiguo Testamento, que la belleza del pasaje no es producto del azar ni el resultado de la improvisación. Los autores sagrados escribieron con creatividad y convicción para transmitir un mensaje de importancia capital para el pueblo. Desarrollaron, con ese propósito, documentos que manifiestan creatividad literaria, capacidad de comunicación, conciencia en el uso de las imágenes y las técnicas que contribuían a la transmisión de sus ideas, y articulación clara e imaginativa en el desarrollo de los temas.

Particularidades literarias del Antiguo Testamento: diversidad y unidad

En el sentido estrictamente literario, la Biblia es un tipo de literatura similar a la que se conoce contemporáneamente como antología.[10] La diversidad de autores, temas, géneros literarios y épocas descritas, entre otras características, la identifican como tal. Además, la forma de disponer esa literatura en un solo volumen (p.e., la Biblia, sin incluir los libros Deuterocanónicos, consiste en sesenta y seis libros), apunta hacia esa realidad.

Una peculiaridad básica en el estudio del Antiguo Testamento es la naturaleza heterogénea del material que contiene. La Biblia incluye documentos legales, genealogías,

---

10. La palabra castellana «biblia» proviene del griego *biblion* que significa «libro»; y *biblia* es el plural griego para «libros». La iglesia primitiva llamaba *biblia hagia* o «libros santos» a la colección de escritos que leían en los cultos.

notas históricas e itinerarios de viajes, junto a poesías, narraciones de alto contenido teológico y didáctico, y profecías. Esa mezcla de géneros y estilos es una de las características básicas de las Sagradas Escrituras. Además, en medio de los géneros literarios familiares para el lector contemporáneo (p.e., relatos históricos, poesías y proverbios), se incorporan una serie de expresiones literarias de difícil comprensión para la sociedad actual (p.e., profecía y apocalipsis, cada uno de ellos con varios subgéneros que complican el análisis y dificultan la comprensión). A esas realidades debemos añadir que, en efecto, la Biblia incluye también temas y géneros que por lo general no estamos acostumbrados a encontrar en un solo volumen, sino en diferentes publicaciones (p.e., poesías, cuentos, historias y profecías).

En los relatos bíblicos se funden la claridad y el misterio. Por un lado, la Biblia presenta la verdad teológica fundamental; por el otro, sin embargo, el texto sagrado no responde a todos los interrogantes que puede presentar el lector. En los relatos bíblicos los autores son guiados por una fuerza teológica que les impele a incluir los temas y los hechos que tienen significación e importancia para el propósito de los relatos. Esa metodología puede omitir algunos detalles que para los lectores y oyentes contemporáneos tienen pertinencia.

Los relatos de Génesis son una magnífica ilustración del interés teológico de los autores sagrados.[11] La sección inicial del primer libro de la Biblia (Gn 1—11), conocida como «La historia primitiva o de los comienzos», enseña que Dios es el único creador de todo lo que existe. Con el poder de

---

11. Véase G. von Rad, *El libro de Génesis*, Sígueme, Salamanca, 1977, pp. 54-79; E. Voth, *Génesis 1-11*, Comentario Bíblico Hispanoamericano, Editorial Caribe, Miami, 1992, pp. 33-82; C. Westermann, *The Genesis Accounts of Creation*, Fortress Press, Philadelphia, 1964.

su palabra omnipotente creó el cielo y la tierra, hizo que el mundo fuera un lugar habitable y, finalmente, lo pobló de seres humanos (Gn 1—2). Además, distinguió la especie humana de los animales, la bendijo y la dotó de una dignidad particular: el hombre y la mujer fueron creados a imagen y semejanza de Dios (1.27-28).

Esa gran declaración teológica se une a la enseñanza de los capítulos posteriores del libro (Gn 2—3): aunque el ser humano fue creado a la imagen de Dios, proviene del polvo de la tierra, por esa razón es débil y efímero, y necesita el aliento vital o el «soplo de vida» que únicamente proviene de Dios (2.7).

El relato de la creación (1.1—2.4a) no pretende responder a todas las preocupaciones científicas contemporáneas sobre el origen del universo y el tiempo, pues el texto tiene una finalidad teológica. Tampoco el pasaje, que puede identificarse como «El gran himno de la creación de Dios», explica en detalle el proceso y la metodología de la creación. Para el escritor bíblico lo fundamental era indicar que el mundo, y todo lo creado, no es el resultado del azar ni de la lucha de los dioses antiguos, sino el producto de la manifestación precisa y clara de la voluntad divina. Esa enseñanza, que se articula con gran creatividad estilística, es fuente de esperanza y seguridad para los creyentes a través de la historia.

A la claridad del mensaje bíblico debemos añadir la belleza. Los autores sagrados utilizaron los recursos lingüísticos y literarios que estaban a su disposición para articular el mensaje. La poesía y la narración bíblicas contienen drama, realismo y pertinencia, junto a un uso creador del lenguaje. El libro de Jonás, por ejemplo, es una gran muestra de belleza literaria, drama y narración, los Salmos y Job se distinguen por la calidad poética.

Un aspecto fundamental de la literatura bíblica es que está preocupada por la condición humana. Aunque la naturaleza misma de la literatura es religiosa, los escritores sagrados interpretan las vivencias humanas a la luz de la revelación de Dios. Como el foco principal de toda buena literatura es la vida, con sus virtudes, defectos y complicaciones, nada humano le es ajeno a los escritores del Antiguo Testamento (p.e., los triunfos de David y Salomón, así como sus fracasos y pecados; véanse 1 S 16—31; 2 S 1—8; 1 R 3—1).

La preocupación por la vida y sus complejidades le brinda una oportunidad valiosa a los autores de la Biblia de presentar una serie importante de temas morales y espirituales. El camino hacia una saludable experiencia piadosa y consagrada a Dios está íntimamente ligado a un estilo de vida que pone de manifiesto los grandes valores y postulados éticos de la fe: por ejemplo, la justicia, la honestidad y la ayuda a los necesitados. Un culto ordenado y bien articulado teológica y litúrgicamente, en el cual los adoradores no manifiestan compromiso con la justicia hacia los necesitados del pueblo, no es agradable ante los ojos de Dios (Is 1.10-20). Este es un tema fundamental para los profetas. De acuerdo a Miqueas:

> El Señor ya te ha dicho, oh hombre,
> en qué consiste lo bueno
> y qué es lo que Él espera de ti:
> que hagas justicia, que seas fiel y leal
> y que obedezcas humildemente a tu Dios
> (Miq 6.8).

Aunque la Biblia es de naturaleza antológica, también manifiesta unidad y coherencia. La unidad más obvia es en la presentación de la historia. La Biblia comienza sus relatos con la historia de los orígenes, prosigue con la desobediencia y caída de la humanidad, y continúa con los esfuerzos divinos por relacionarse con el pueblo de Israel, mediante pactos o alianzas. Posteriormente presenta la vida y obra de

Jesús de Nazaret e incluye algunos aspectos de la vida de los primeros cristianos; y por último anuncia la culminación de la historia, con la destrucción de todas las fuerzas del mal y el triunfo definitivo del bien. El orden canónico de las Escrituras revela un sentido claro de unidad temática y literaria que no debe perderse de vista en el estudio de la Biblia.

Desde la perspectiva moral, los relatos bíblicos presentan el gran drama del conflicto básico de la humanidad: la lucha tenaz de las fuerzas del bien contra las del mal; por ejemplo, entre Dios y Satán, entre Dios y sus criaturas rebeldes, entre lo bueno y lo malo, entre la naturaleza bondadosa de la humanidad y las fuerzas demoníacas que se anidan en el interior, y entre la obediencia y la desobediencia.

En este gran drama bíblico es Dios el protagonista principal. Dios recibe, entre otros atributos y apelativos importantes, los siguientes: creador, salvador, libertador, sanador, juez, padre, madre, hermano, amigo, pastor y rey. La caracterización de Dios es literariamente el tema fundamental de la Biblia, y ese gran interés temático y literario se manifiesta en todos sus escritores. No puede entenderse ningún acontecimiento bíblico sin tomar en consideración ese protagonista principal. Además, desde la perspectiva de Dios, se presentan las características y particularidades de los otros protagonistas secundarios del drama escritural.

El descubrimiento del protagonista principal del drama bíblico revela una serie de temas importantes que dan continuidad y unidad a los relatos bíblicos. Además del carácter y las intervenciones de Dios en la historia, pueden identificarse los siguientes: la relación entre Dios y la humanidad; la naturaleza de las bondades humanas, con sus imperfecciones y vicios; y, particularmente, el misterio y la complejidad del sufrimiento humano, especialmente los indefensos y vulnerables.

La unidad literaria de la Biblia también se pone de manifiesto en el uso de arquetipos o modelos.[12] Los arquetipos son imágenes literarias que se utilizan en la literatura y también se manifiestan en la vida real. Por lo general, se identifican tres tipos de arquetipos: de temas, tramas y asuntos (p.e., rescates, liberaciones, opresiones, iniciaciones); de carácter (p.e., héroes, villanos); y de imágenes (p.e., luz, tinieblas, montañas). El uso de estas imágenes permite al lector relacionar diferentes secciones y libros de la Biblia, y descubrir paralelos y diferencias. Estos arquetipos producen relatos que pueden catalogarse literariamente como romances, tragedias, antirromances y comedias.

Las narraciones

En la Biblia se utilizan dos formas básicas de comunicación literaria: la narración y la poesía. Las diferencias fundamentales entre ellas varían en diversas culturas, y no siempre es fácil distinguirlas con precisión. La narración es la forma que más se relaciona con los estilos de comunicación en las conversaciones diarias; la poesía, por su parte, manifiesta una articulación literaria más elaborada. No nos sorprende que la Biblia incluya entre sus escritos una gran cantidad de narraciones en prosa. Sin embargo, al lector contemporáneo le puede llamar la atención que las Sagradas Escrituras presentan grandes secciones en poesía, pues este tipo de lenguaje no es utilizado con tanta frecuencia en la vida diaria.

Una lectura inicial al Antiguo Testamento revela el poder literario y la gran capacidad de comunicación de las narraciones bíblicas. Esas narraciones no sólo describen situaciones importantes para el pueblo y los autores, sino que incentivan la imaginación y retan el intelecto de lectores y

---

12. Rynken y Longman III, *op. cit.*, pp. 36-37.

oyentes. Son piezas literarias de magnífico contenido teológico y manifiestan, además, una gran variedad de temas.

Entre las narraciones en prosa del Antiguo Testamento
se pueden distinguir las siguientes: Relatos de los orígenes
(Gn 1—11) y sobre la historia nacional del pueblo de Israel
(p.e., Gn 12—50; y los libros de Josué y Jueces); genealogías
(1 Cr 1—9); narraciones de carácter épico (Éx 1—15) y de
familias (Rut); crónicas oficiales (p.e., en los libros de los
Reyes); y relatos didácticos (Jonás).

Los relatos históricos no presentan a Dios como ser
supremo desconectado de las vivencias y necesidades de su
pueblo. Por el contrario, se describe al Señor comprometido
con la causa de los desposeídos y marginados de la sociedad
(p.e., Éx 3.6-10). Las narraciones de la Biblia incluyen
importantes interpretaciones teológicas de los hechos que
articulan y analizan. El análisis literario, para descubrir los
diversos niveles de sontido del texto, debe tomar en consideración esa reveladora perspectiva teológica.

Algunas de las narraciones más famosas del Antiguo
Testamento son los relatos de los patriarcas y las matriarcas
de Israel (Gn 12—36); la liberación de Egipto, particularmente el cruce dramático del Mar Rojo (Éx 14); la tragedia
de Sansón y Dalila (Jue 13.24—16.31); el triunfo de David
contra Goliat (1 S 17.4-54); y varios episodios de la vida de
los profetas, por ejemplo, Elías (1 R 17.1—19.21) y Eliseo (2
R 3.1-27; 6.24—7.20). Estos relatos han contribuido sustancialmente al desarrollo del pensamiento bíblico, y han
influenciado dramáticamente la literatura judeocristiana.[13]

Las narraciones, particularmente las dramáticas, contienen
cuatro componentes o elementos básicos: trama, personajes,

---

13. R. Alter, *The Art of Biblical Narrative*, Basic Books, NY, 1981; N. Frye,
The Great Code: The Bible and Literature, Ark, Londres, 1981; M.
Sternberg, *The Poetics of Biblical Narrative*, Indiana University Press,
Bloomington, 1985.

escena y el punto de vista o perspectiva del autor.[14] El propósito de la obra se manifiesta en la forma en que estos componentes se relacionen entre sí.

La trama es la sucesión de hechos, por lo general motivados por algún conflicto que revela los temas y asuntos que el autor desea poner de manifiesto; además, genera el suspenso y lleva a la conclusión de la obra. El lector u oyente debe determinar cómo cada sección y componente de la trama contribuye al desarrollo pleno del propósito del autor.

Los personajes son instrumentos que utiliza el autor para generar las acciones que constituyen la trama de la obra. La comprensión y el conocimiento de los personajes está controlado por el autor o narrador de la obra. El protagonista es el personaje principal de la narración.

La escena es el espacio y entorno en el cual los personajes y los protagonistas de la obra desarrollan la trama. Sirve para que los autores le den a sus obras sentido de realidad, significado y ambiente. Permite, por ejemplo, que se manifiesten las particularidades sociológicas y sicológicas que pueden contribuir a la comprensión adecuada de la obra; particularmente revela rasgos importantes de la personalidad de los protagonistas y pone de relieve las intenciones del autor.

La perspectiva de la obra presenta las intenciones del autor; y se pone de manifiesto en la voz del narrador. En esa voz, el autor puede presentar su punto de vista en torno a los diferentes asuntos discutidos en la obra. Además, el narrador controla el relato y le brinda sentido de dirección a la trama.

Los críticos literarios han dividido las perspectivas o los puntos de vista en dos categorías: las narraciones en primera persona, en las cuales el narrador es parte de la trama de

---

14. Longman III, *op. cit.*, pp. 76-78.

la obra; y las que se presentan en tercera persona, en las que el narrador no está explícitamente incluido en la trama de la obra, es decir, no está cautivo por el tiempo y el espacio, e interviene en la obra de acuerdo a las necesidades de la trama.

El libro de Jonás le puede brindar al estudioso de la Biblia un buen modelo para aplicar la metodología del análisis literario.[15] La obra presenta cuatro escenas básicas, que corresponden a grandes rasgos con las divisiones en capítulos de las Biblias en castellano: Jonás huye de Dios hacia Tarsis (1.1-16); Dios rescata a Jonás, mediante un gran pez (1.17—2.10); Jonás predica en la ciudad de Nínive (3.1-10); y, por último, el nuevo conflicto entre Jonás y Dios cuando el pueblo de Nínive es perdonado (4.1-11).

En la primera escena o episodio se presenta el origen del conflicto entre Jonás y Dios; se introduce la tensión y el ambiente de crisis que se manifiesta constantemente en la obra. Ante el llamado de Dios, Jonás huye hasta lo último de la tierra para evadir sus responsabilidades proféticas.

El segundo episodio ilustra la impotencia de Jonás: Dios rescata al profeta de la muerte mediante un gran pez. El vientre del pez le brindó a Jonás seguridad; además, fue el medio de transportación al lugar requerido por Dios: la ciudad de Nínive.

El cumplimiento de la voluntad de Dios se presenta con claridad en el tercer episodio. Jonás predicó un muy breve sermón en la ciudad: «¡Dentro de cuarenta días Nínive será destruida!» (3.4), y los habitantes de la ciudad se arrepintieron y recibieron el perdón de Dios.

Finalmente, en el cuarto episodio, se reanuda el conflicto entre Jonás y Dios: ante el perdón divino, Jonás reacciona

---

15. J. Margonet, *Form and Meaning: Studies in the Literary Techniques in the Book of Jonah*, Almond, Sheffield, 1983; Longman III, *op. cit.*, pp. 75-77.

con inmadurez y egoísmo. La obra termina con una gran afirmación teológica: «Con mayor razón debo yo tener compasión de Nínive» (4.11).

Los protagonistas de la obra son Jonás y Dios; los otros personajes son los marineros del barco que navegó hacia Tarsis y los ninivitas, que juegan un papel secundario, pero muy importante. Jonás, de acuerdo al relato, es un hombre inmaduro y egoísta: ¡su prestigio profético era más importante que la salvación de toda una ciudad! Dios, como protagonista, es firme con el profeta y misericordioso con los ninivitas; además, está dispuesto al diálogo con Jonás para explicar el fundamento de sus acciones. De la personalidad de los marineros y los ninivitas no se brinda mucha información en el libro. El pez fue únicamente un agente divino para que la trama de los obra continuara y Jonás llegara a predicar en la ciudad de Nínive.

Las narraciones en torno a la vida y obra de Jonás se presentan en varias escenas. Luego del llamado divino a Jonás, el profeta se dirigió a Jope, y la trama de la obra lo ubica en un barco rumbo a la ciudad de Tarsis. Al transcurrir algún tiempo, se desató una gran tempestad y Jonás es arrojado al Mar Mediterráneo. Esos lugares son ciudades conocidas en la antigüedad, no son invención del autor. Nínive era una ciudad muy importante del Imperio Asirio, que por muchos años había oprimido al pueblo de Israel. El entorno físico le da a la obra sentido de realismo y pertinencia.

La próxima escena es en el vientre de un gran pez. Desde ese lugar, que revela la capacidad divina de preservar la vida y hacer cumplir sus propósitos, Jonás reconoce su condición y acepta la voluntad divina. Esta escena le brinda a la obra un gran sentido sicológico y teológico: Dios controla el mar y los monstruos marinos, que eran símbolos del caos y la ausencia de Dios. La oración de Jonás en el vientre del pez provoca una atmósfera de espiritualidad que contribuye de forma destacada al significado de la obra: no hay lugar en el mundo que puede esconder al profeta de la presencia divina (Sal 139).

La tercera escena presenta al profeta predicando en Nínive, y prepara el camino para el episodio final de la obra: el diálogo entre Dios y Jonás. La reacción del rey y los habitantes de la ciudad ante el mensaje profético fue de arrepentimiento, y la del profeta fue de frustración. El profeta se quejó que su prestigio profético estaba en duda; Dios le responde que la compasión y los seres humanos son mucho más importantes que cualquier categoría de prestigio u honor.

El mensaje de la obra y la perspectiva del autor se ponen de manifiesto en el análisis de la trama, los personajes y las escenas de la obra. El libro de Jonás es un relato de un profeta rebelde, que tiene que ser forzado a dar cumplimiento a su misión. Aunque Jonás no es el primer profeta que ha tratado de evadir sus responsabilidades (p.e., Moisés, Éx 4.1,10; y Jeremías, 1.6), su actitud llegó a niveles insospechados: ¡la conversión de los ninivitas le entristece, en vez de agradarle!; y reprocha a Dios que esté dispuesto a perdonar a todo el que se arrepiente de su mal camino (Jon 4.2). Jonás representa al israelita de mente estrecha que pretende excluir a los gentiles del plan de salvación de Dios.

La poesía

Uno de los géneros literarios más utilizados para la comunicación del mensaje del Antiguo Testamento es la poesía. La poesía se encuentra en el Pentateuco (p.e., Gn 49; Éx 15; Dt 33), en los libros históricos (Jue 5), en la literatura sapiencial (p.e., Salmos, Job y Proverbios) y en la profética (p.e., Isaías, Jeremías y Ezequiel). Inclusive, si toda la poesía del Antiguo Testamento se dispone en una sola sección, el volumen sería mayor que todo el Nuevo Testamento.[16] Es posible que los autores inspirados, que utilizaron las categorías literarias que les eran familiares, querían contribuir de esa forma al proceso de memorización del mensaje.

El estudio de la poesía hebrea debe tomar en consideración las formas particulares del uso de los recursos del lenguaje. Ese tipo de literatura usa el lenguaje con sentido de sonoridad, y desarrolla las imágenes y el mensaje con intensidad y vigor. Para separarse de la prosa, la poesía elige su vocabulario, e identifica términos inspiradores e imaginativos. Retiene expresiones antiguas y las une a frases frescas que generan sentimientos, recuerdos y reflexiones. La gramática de la poesía es propia y la sintaxis es libre.

Al estudiar la poesía de la Biblia, que atribuye una gran importancia al ritmo que resulta de la acentuación de las sílabas, es fundamental destacar el propósito teológico de su mensaje. Los autores no deseaban satisfacer la curiosidad intelectual del pueblo. La Biblia es esencialmente un libro afectivo que comunica gran parte de su mensaje apelando a los sentidos y al recuento de las experiencias sustantivas en la vida. La poesía no sólo informa y reta el pensamiento, sino que inspira la imaginación, desafía la creatividad y genera emociones. El mensaje poético, cargado de significados y simbolismo, mueve los sentidos del lector u oyente.

Cada cultura desarrolla sus propios estilos, temas y categorías poéticas, aunque se pueden distinguir rasgos que ponen de manifiesto elementos en común. Esa particularidad cultural hace que el lector contemporáneo descubra aspectos familiares de la poesía hebrea, al mismo tiempo que identifica características que no le son comunes.

Entre las formas principales de la literatura poética del Antiguo Testamento se pueden identificar la litúrgica (que

---

16. Longman III, *op. cit.*, pp. 80-81.

se presenta de forma destacada en los salmos); la profética
(que consiste en oráculos breves que transmiten el mensaje
de Dios a la humanidad; p.e., Is 41.1-11); y la sapiencial (que
pone de manifiesto reflexiones y enseñanzas de la vida
diaria; p.e., los libros de Proverbios y Eclesiastés). Los
grandes temas de la fe se transmitían de forma poética para,
entre otros propósitos, contribuir al proceso de memorización.

La unidad básica de la poesía hebrea es la línea o la frase,
no la oración, como es el caso de la literatura en prosa.[17]
Por lo general, el verso se compone de dos o más frases,
también llamadas hemistíquios por los especialistas y estudiosos bíblicos; y el más común es la que contiene dos
hemistíquios de tres palabras.

La línea de la poesía hebrea es corta y compacta. Esencialmente utiliza muy pocas conjunciones; transmite y desarrolla el sentido con paralelismos de ideas y palabras;
omite componentes literarios de los hemistíquios, para que
el lector u oyente los imagine y supla; y, además, está llena
de imágenes.[18]

La característica fundamental y más utilizada en la poesía hebrea es el llamado «paralelismo de los miembros», o
paralelismo de las frases o líneas.[19] Este artificio literario

---

17. Entre los estudios fundamentales de la poesía hebrea debemos des-
    tacar los siguientes: L. Alonso Schokel, *Estudios de poética hebrea*,
    Juan Flors, Barcelona, 1963; R. Alter, *The Art of Biblical Poetry*, Basic
    Books, NY, 1985; A. Berlin, *The Dynamics of Biblical Parallelism*,
    Indiana University Press, Bloomington, 1985; S.A. Geller, *Parallelism
    in Early Biblical Poetry*, Scholars Press, Missoula, MT, 1979; J.L.
    Kugel, *The Idea of Biblical Poetry*, Yale University Press, New Haven,
    1981.
18. Longman III, *op. cit.*, pp. 83-84.
19. Es importante señalar, sin embargo, que no toda la poesía hebrea
    presenta esta característica literaria; además, se debe añadir que el
    paralelismo también se pone de manifiesto en algunos pasajes en
    prosa (p.e., Gn 21.1). Algunos estudios de la poesía bíblica han

consiste en la disposición de las líneas poéticas hebreas en ideas similares, suplementarias o contrarias. Más que la simple repetición de palabras, frases o pensamientos, los diversos miembros de la estructura paralela contribuyen al desarrollo del sentido del pasaje con alguna información complementaria o adicional importante para la comprensión adecuada del texto.

El paralelismo «sinónimo» consiste en expresar dos o más veces una idea similar con frases distintas (p.e., Sal 15.1):[20]

> Señor,
> ¿quién puede residir en tu santuario?,
> ¿quién puede habitar en tu santo monte?

El «antitético» es el paralelismo que se establece por la oposición o el contraste de las ideas (p.e., Sal 37.22):

> Los que el Señor bendice heredarán la tierra,
> pero los que Él maldice serán destruidos.

Se conoce como paralelismo «sintético» el que se produce cuando el segundo miembro del poema prolonga o añade elementos nuevos a la idea expresada (p.e., Sal 19.8):

> Los preceptos del Señor son justos,
> porque traen alegría al corazón.

En algunos salmos se genera un tipo de paralelismo «progresivo», que consiste en desarrollar la idea repitiendo algunas palabras del verso anterior (p.e., 145.18):[21]

---

descubierto que el paralelismo no se limita a los aspectos semánticos; se manifiesta inclusive en la gramática y la fonología. Berlin, *op. cit.*

20. *La Biblia de Estudio*, SBU, Miami, 1994, pp. 667-668.

21. Alter, *op. cit.*; Berlin, *op. cit.*; Geller, *op. cit.*; Kugel, *op. cit.*; véase además el importante estudio de A.S. Copper, «Biblical Poetics: A Linguistic Approach», Ph.D. Diss., Yale University Press, New Haven, 1976.

> El Señor está cerca de los que lo invocan,
> de los que lo invocan
> con sinceridad.

En lo que respecta a estructura, la poesía hebrea cuenta con la estrofa —que es la unidad lógica fundamental—, el estribillo (Sal 46.8,12; 59.7,15; 80.4,8,20) y el acróstico alfabético (Sal 9—10; 25; 34; 37; 119; Pr 31.10-31; Lm 1—4).

La poesía hebrea incluye también el uso de lenguaje figurado: por ejemplo, metáforas (Sal 23.1), símiles (Cnt 4.1b), hipérbole (Sal 18.29) y personificación (Sal 98.7). Y entre los efectos retóricos, los siguientes se manifiestan en los textos hebreos: la aliteración, o repetición de una letra o un grupo de sonidos para producir un efecto retórico (Nah 1.10); la anáfora, o repetición de una palabra en varios hemistíquios o versos sucesivos (Sal 29); la onomatopeya, imitación del sonido de un objeto con una palabra o frase (Is 5.24); y la paranomasia, el juego de palabras (Gn 5.29; Dt 33.8).[22] En la poesía hebrea se manifiesta una gran articulación teológica unida a una magnífica capacidad de comunicación literaria.

---

22. A. González, *op. cit.*, p. 24.

CAPÍTULO 6

El Dios vivo

Dios está en el centro del pensamiento religioso del Antiguo Testamento.[1] Desde las primeras páginas del Pentateuco, a través de la literatura profética, y hasta las secciones finales de la Biblia hebrea, Dios es el personaje protagónico y primordial.[2] En casi todas las páginas de las Escrituras esa realidad se pone de manifiesto clara e ineludiblemente. Lo que da fuerza y unidad al Antiguo Testamento es la afirmación de la soberanía de Dios.

El Dios de la Biblia crea y organiza el mundo, y a la primera pareja le dio sentido de dirección y autoridad (Gn 1—3). Más adelante liberó al pueblo de Israel de Egipto, se reveló en el monte Sinaí y estableció un pacto con ese pueblo (Éx 1—20). Manifestó su voluntad a través de los

---

1. Dos obras clásicas sobre este tema son las de G. von Rad, *Teología del Antiguo Testamento*, Sígueme, Salamanca, 1972-73, 2 volúmenes; y la de W. Eichrodt, *Teología del Antiguo Testamento*, SCM Press, Londres, 1964-67, 2 volúmenes. Otros libros fundamentales sobre teología veterotestamentaria son los siguientes: E. Jacobs, *Teología del Antiguo Testamento*, Marova, Madrid, 1969; P. van Imschoot, *Teología del Antiguo Testamento*, Fax, Madrid, 1969; y W. Zimmerli, *Manual de teología del Antiguo Testamento*, Cristiandad, Madrid, 1980.
2. J. Stanley Chesnut, *The Old Testament Understanding of God*, Westminster Press, Philadelphia, 1968, pp. 13-25.

profetas: les llamó a vivir de acuerdo a los valores éticos que emanan de la justicia y la paz (Is 1.10-20).

De particular importancia es la comprensión teológica de los escritores bíblicos: el Dios de Israel se manifiesta en medio de la historia humana (Miq 6.6-8). El fundamento de todas las cosas es Dios; y todo cuanto existe, subsiste por su voluntad. Las realidades humanas son el marco de su revelación: la historia es su ambiente, el escenario de sus manifestaciones.

Desde el punto de vista hebreo, la existencia de Dios no se pone en duda. Aunque en momentos se puede cuestionar la voluntad divina o, inclusive, el ser humano y la comunidad se revelan contra la voluntad de Dios, la Biblia no cuestiona el hecho de la realidad divina, ni ignora su capacidad de intervenir en los asuntos humanos. La falta de ese cuestionamiento especulativo es una característica fundamental de la teología del Antiguo Testamento. Únicamente los necios piensan que no hay Dios (Sal 14.1; Job 2.10).

La fe del pueblo de Israel, según se manifiesta en las Sagradas Escrituras, deja muy poco espacio para la especulación teológica. El pueblo encuentra a Dios en medio de sus realidades cotidianas, no por el camino de la filosofía. Abraham dialogó con Dios en el campamento, en sus peregrinajes y aun en las crisis que afectaron su núcleo familiar. Moisés se encontró con Dios en medio de la corte del faraón y en el peregrinar por el desierto; dialogó con Dios en la cima del Sinaí y escuchó la palabra divina ante el Mar Rojo; y recibió la revelación de Dios en la tienda del encuentro y en el fragor del viaje de liberación hacia la tierra prometida. El «conocer a Dios», en el Antiguo Testamento, no se refiere a alguna erudición intelectual del ser humano, sino a la constatación de que el Ser Supremo está presente en medio de las vivencias del pueblo de Israel.

La convicción de que Dios está presente en las realidades cotidianas del pueblo se fundamenta en una percepción pragmática y contextual de la presencia divina, no en la falta de capacidad teológica o en la noción de que la fe del Antiguo Testamento es primitiva. El Antiguo Testamento parte de la premisa de la existencia de Dios, y los teólogos que articulan la fe del pueblo construyen sus discursos basados en esa convicción fundamental: «En el principio creó Dios los cielos y la tierra...» (Gn 1.1).

Junto a la seguridad de que Dios está presente en la cotidianidad del pueblo, se une la convicción de que el Señor se manifiesta al pueblo en actos históricos concretos. De esta afirmación se desprende que la vida religiosa del pueblo de Israel está muy íntimamente ligada a su historia como nación y comunidad. De acuerdo a los escritores del Antiguo Testamento, Dios revela su voluntad y sus propósitos con la humanidad en actos históricos específicos. Conceptos teológicos importantes tales como: pecado, salvación, eternidad, vida o muerte, derivan su significado correcto de la comprensión adecuada de lo que Dios es y lo que hace en la historia.

La teología del Antiguo Testamento estudia esencialmente a Dios y la forma en que su revelación se manifiesta en la historia del pueblo de Israel; además, interpreta esas manifestaciones históricas para articular sus valores y enseñanzas a la comunidad de los creyentes en el día de hoy.[3] La teología bíblica no es una ciencia únicamente descriptiva

---

3. En torno a las diversas metodologías y objetivos de la teología bíblica, véase el artículo de Werner E. Lemke, «Theology», *TABD*, Vol. 6, pp. 448-473; y referente a la historia de la disciplina, véase el artículo de H. Graf Reventlow, en el mismo volumen, «History of Theology (Biblical)». De particular importancia en el estudio de la teología veterotestamentaria es la obra de B.S. Childs, *Introduction to the Old Testament as Scripture*, Fortress, Philadelphia, 1979; *Old Testament Theology in a Canonical Context*, SCM Press, London, 1985.

sino prescriptiva.[4] El objetivo no es sólo presentar el desarrollo de las ideas religiosas del pueblo de Israel, según se manifiestan en el Antiguo Testamento. Una finalidad ulterior le dirige, una meta contextual le orienta: responder de forma adecuada a las necesidades espirituales y teológicas de los creyentes.[5] El propósito final de la teología bíblica es comprender las manifestaciones de Dios en la historia del pueblo de Israel para actualizar y contextualizar, en la sociedad y en la vida de los creyentes, los valores descubiertos.

Manifestaciones de Dios

Todos los pueblos y grupos religiosos afirman que en el principio de su historia han tenido una relación particular con la divinidad. Ese contacto inicial se recuerda en cultos, se invoca en situaciones de crisis y se aclama en celebraciones. A través de la historia, las divinidades no sólo han sido veneradas en actos litúrgicos, sino que, además, han sido presentadas en actos de guerra y reclamadas como garantes en alianzas o pactos. La religión, de esa forma, ha jugado un papel fundamental en el desarrollo de las ideas políticas y sociales, y en la historia de la humanidad.

El pueblo de Israel infundió en los demás pueblos la preocupación por lo sublime y trascendente. Al igual que otras culturas, la israelita manifestó un serio interés por lo eterno y, particularmente, por lo santo. Esa peculiaridad

---

4. Un análisis de las diversas metodologías en el estudio de la teología del Antiguo Testamento se discuten en las siguientes obras: G. Hasel, *Old Testament Theology: Basic Issues in the Current Debate*, Eerdmans, Grand Rapids, 1972; D.G. Spriggs, *Two Old Testament Theologies*, A.R. Allenson Inc., Naperville, IL, 1974; y W. Lemke, *op. cit.*

5. W. Brueggemann, *Old Testament Theology: Essays on Structure, Theme, and Text*, Fortress, Minneapolis, 1992.

hizo que los escritores del Antiguo Testamento describieran la relación íntima entre Dios e Israel como una alianza o pacto. Israel, en esa relación especial con Dios, era un pueblo santo: se interpretaba a sí mismo como una nación de sacerdotes; es decir, el pueblo se veía a sí mismo como gente consagrada y separada para cumplir una encomienda especial. Por esa razón, concibió su forma de gobierno como una «teocracia», pues la autoridad provenía de Dios, quien manifestaba su voluntad civil, social, militar o política en términos religiosos. Esta particularidad histórica hizo que Israel pusiera la religión como el fundamento de su vida, como el eje para resolver las dificultades individuales, nacionales e internacionales.

El Dios bíblico se manifestó a Israel en medio de su cultura, y utilizó el idioma y las formas literarias que el pueblo podía entender. El término que describe las manifestaciones de Dios a la humanidad es «teofanía».[6] La expresión, que viene del griego, se relaciona con una autorrevelación de Dios. Describe no sólo algo de la naturaleza divina, sino también su poder y su voluntad. Esa revelación se produce en términos humanos: en el tiempo y el espacio, y en un lenguaje y una forma comprensibles.

Generalmente las teofanías llegan a la humanidad a través de visiones o audiciones, o mediante algún intermediario. El momento de la teofanía es sin duda importante, pues ocurre en algún instante significativo para el pueblo: por ejemplo, por la tarde, pues para los israelitas, y semitas en general, marcaba el inicio del día; también durante las noches, para destacar la oscuridad y la crisis.

Las teofanías no se producen en cualquier lugar, sino en centros privilegiados: en espacios sagrados en donde la comunicación entre lo divino y humano se facilita. En la

---

6. T. Hiebert, «Theophany in the OT», *TABD*, Vol. 6, pp. 505-511.

revelación, el poder de Dios se concentraba en algún sitio de forma destacada y particular. De singular importancia en las teofanías de la Biblia son los montes. En el Sinaí se entregan las tablas de la Ley y se consagra el pacto entre Dios y el pueblo (Éx 19.18). De acuerdo a Éxodo 3.1-15, Moisés conoció el nombre de Dios en el Horeb. A Abraham se le ordenó sacrificar a su hijo en Moria (Gn 22). Elías triunfó sobre los profetas de Baal en el monte Carmelo; y posteriormente, cuando se vio perseguido por la reina, huyó deprimido a la montaña de Dios (1 R 18.20-40).[7] También las teofanías se producen en manantiales (Gn 16.7), ríos (Gn 32.22-32) y árboles (Gn 12.6-7).

Un componente destacado de las teofanías es que suelen estar acompañadas de una serie extraordinaria de manifestaciones espectaculares. La manifestación de Dios se articula, de acuerdo al testimonio bíblico, con elementos de la esfera celeste: por ejemplo, luminosidad, nubes, truenos, relámpagos, fuego, voces, vientos y temblores de tierra. Esas características ponen de manifiesto la naturaleza especial de la revelación divina (Éx 20; Is 6; Ez 1).

Las manifestaciones de Dios a la humanidad no son un espectáculo de entretenimiento. El objetivo es comunicar algún mensaje. Particularmente, explican el significado de algún suceso fundamental para la humanidad.

Para describir las grandes manifestaciones de Dios en la historia, los escritores de la Biblia utilizaron el lenguaje que la comunidad podía entender y se sirvieron de la cultura que era familiar al pueblo. La finalidad de las teofanías es la comunicación con la humanidad y el lenguaje utilizado,

---

7. Las montañas como centros cósmicos de diálogo divino-humano es una característica básica de muchas culturas. Véase M. Eliade, *Tratado de historia de las religiones*, Instituto de Estudios Políticos, Madrid, 1954; R. Clifford, *The Cosmic Mountain in Canaan and the Old Testament*, University Press, Cambridge, 1972.

rico en imágenes literarias, recurre a las posibilidades lingüísticas del hebreo y el arameo bíblicos.

Los escritores bíblicos, en su afán por transmitir de forma
clara y pertinente la esencia de la manifestación divina, atribu-
yeron a Dios figura, rasgos y cualidades humanas. Ese estilo
literario, conocido como antropomórfico, no es una forma
superficial, primitiva o trivial de referirse a la divinidad; por el
contrario, es una manera familiar, pictórica y educativa de
transmitir los conceptos y las ideas complejas que se ponían de
manifiesto en las teofanías. Además, ese estilo íntimo revela la
cercanía y el afecto entre Dios y el pueblo de Israel.

Del Dios de Israel se dice que: camina, baja, ve, llega,
escucha y habla (Gn 3.8; 8.21; Éx 3.7-8); grita, ríe, duerme,
despierta, se sienta, se olvida y se acuerda (Lv 1.1; 4.1; Sal
44.24; 78.65; 106; 45); además, tiene manos, dedos, brazos,
pies, boca, nariz, ojos, rostro y espalda (Éx 33.23; Dt 9.10; Sal
31.3,6,17; Am 9.2,4; Nah 1.3). También, actúa como alfarero,
jardinero, guerrero, médico, pastor, padre, madre, esposo, jefe
y dueño (Gn 2.7-8; 3.7; 11.5; Sal 24.8; Os 11.1-4; Zac 9.13).[8]

También en el texto bíblico se hacen representaciones
de Dios con características de animales. Este género literario, conocido como teriomorfismo, aplica algunas de estas
características al actuar de Dios: ruge como león (Am 1.2),
silva como las aves (Is 7.18), olfatea como animal de caza
(Gn 8.21; 1 S 26.19) y devora las víctimas como el oso o el
leopardo (Os 13.7-8).

En sus descripciones de las teofanías, los escritores del
Antiguo Testamento también atribuyen a Dios sentimientos
humanos. Ese estilo literario, que se conoce como antropopa-
tismo, revela de Dios las siguientes características afectivas:
se enoja, se arrepiente, odia y es celoso (Gn 6.6; Dt 2.31; Sal
106.40); manifiesta gozo, alegría, complacencia, disgusto,

---

8. En los textos bíblicos también se nota un rechazo a esta forma de referirse
a Dios; véanse Nm 23.19; Job 10.4; Sal 121.4; Is 40.28; Os 11.9.

rechazo y venganza (Éx 20.5; Lv 20.23; Jer 9.23; Sof 3.17); y, particularmente, expresa bondad, clemencia, misericordia, solidaridad, amistad, amor y compasión (Éx 34.6; Nm 14.18; Dt 4.31; 13.18; Neh 9.17,31). Esta forma literaria describe a Dios en términos con los cuales el ser humano puede claramente identificarse.

El nombre de Dios

De acuerdo a la concepción semita manifestada en el Antiguo Testamento, el nombre no sólo sirve para la identificación adecuada y ordenada, sino para definir la esencia, las principales propiedades, la función y hasta la misión que llevan a efecto las personas, los animales o las cosas aludidas. El nombre es algo más que un epíteto o distintivo superficial; es un sustituto de lo que identifica, un representante de lo que modifica. Imponer un nombre es conferir autoridad, no es simplemente el proceso de diferenciación entre personas; es un gesto de poder y autoridad, una demostración de dominio.

La esencia misma de una persona se concentra en el nombre. Una persona sin nombre está desprovista no sólo de significado, sino incluso de existencia (Gn 2.18-23; 27.36). El nombre revela algo fundamental de quien lo lleva; de esa forma, el nombre Nabal describe a alguna persona insensata o estúpida (1 S 25.25). Un cambio de nombre denota una nueva misión, una perspectiva de la vida diferente (Gn 17.5; 32.29), pues se expresan de esa forma convicciones religiosas básicas.

En el caso específico de Dios, cada nombre, calificativo o atributo revela algún aspecto fundamental de su naturaleza.[9] El nombre equivale no sólo a una revelación divina,

9. En la revista *Traducción de la Biblia*, Vol. 4, N° 1, 2 Sem. 1993, se incluyen varios artículos de importancia sobre la naturaleza y traducción de los nombres de Dios.

sino describe lo que la fe ha podido captar, lo que los escritores bíblicos han podido asimilar y comunicar. Los diversos nombres divinos ponen de manifiesto que ninguna palabra es suficiente para describir y abarcar todo el misterio de Dios.

Los nombres de Dios en el Antiguo Testamento revelan su acción (Is 30.17), destacan su presencia en la comunidad israelita (Dt 12.5; 1 R 11.36; Sal 74.7) y, además, manifiestan algo fundamental de su naturaleza (Dt 28.58; Job 1.21; Is 48.9; Am 2.7). El nombre divino es tan poderoso que obra por sí mismo, protege y ordena (Éx 23.20-21; Sal 20.2), y auxilia (Sal 54.3). La expresión «en el nombre de Dios» se utiliza como un instrumento poderoso mediante el cual el ser humano encuentra salvación (Sal 54.3). Y aunque el pueblo de Israel ora, bendice, maldice y combate en nombre de Dios, debe evitar el uso indebido del nombre divino (Éx 20.7; Lv 20.27; Dt 5.11; 18.9-13; 1 S 28.3).

Nombres divinos: *El*, *Elohim*, *Yahweh* (o Jehová) y *Tsebaot*

De acuerdo a Génesis 33.20, Jacob construyó un altar en Siquem y lo llamó *El-elohé-israel*, que significa: Dios es el Dios de Israel. Este relato patriarcal relaciona e identifica el nombre del Dios de Israel con *El*. Y como *El* es el nombre común entre los pueblos semitas para identificar la divinidad, se requiere un distintivo específico para señalar propiamente la divinidad aludida.

En algunos casos la distinción del nombre *El* es de localidad —p.e., *El-Betel* (Gn 35.7)—; en otros, es un apelativo descriptivo —p.e., *El-Berit* («Dios del pacto», Jue 9.46)—; y aun en otros es un término que especifica alguna función o identifica alguna circunstancia —p.e., *El-Roi* («Dios que ve»; Gn 16.13), *El-Olam* («Dios eterno»; Gn 21.33), *El-Shaday*

(«Dios todopoderoso», «Dios altísimo» o «Dios de las montañas»; Gn 17.1) y *El-Elyón* («Dios altísimo»; Gn 14.18-22).[10]

El origen y significado del nombre *El* no es totalmente claro; sin embargo, algunas personas relacionan el nombre *El* con una raíz semita que expresa la idea de fuerza. De esta forma, el nombre divino puede transmitir la idea de «el que es fuerte o poderoso». Según esta explicación, *El* se relaciona con las montañas (Sal 36.7), los cedros (Sal 80.11) y las estrellas (Is 14.13).

Elohim, el nombre divino que más aparece en el Antiguo Testamento, es posiblemente la forma plural del nombre *El*. Significaría, en tal caso, una manera superlativa de hablar de Dios (p.e., Dios por excelencia, Dios de dioses o Dios supremo); es una intensificación o absolutización del nombre divino. También podría tratarse de una afirmación de la solemnidad divina; es decir, puede ser una referencia al plural de majestad.

El nombre divino por excelencia se representa en el tetragrama hebreo con las consonantes *YHWH*, que ha sido vocalizado como *Yahweh*[11] o *Jehová*[12] y traducido al castellano como «El Señor» o «El Eterno».

Yahweh o *Jehová* es siempre un nombre propio y, como tal, está provisto de un significado preciso. Sin embargo, los esfuerzos de los estudiosos por descubrir el origen y el significado del nombre sagrado de Dios no han producido resultados libres de dudas y complicaciones. Algunos

---

10. Martin Rose, «Names of God in the Old Testament», *TABD*, Vol. 4, pp. 1001-1011; E. Jacob, *op. cit.*, pp. 46-65.

11. Esta es posiblemente la vocalización del nombre divino; véase W. Zimmerli, *op. cit.*, pp. 15-62; E. Jacob, *op. cit.*, pp. 52-57.

12. Jehová es una forma artificial de pronunciar el nombre de Dios. Se desarrolló en la época medieval cuando se leyeron las consonantes del tetragrama hebreo (*YHWH*), con las vocales de *Adonai*; F.F. Bruce, «Nombres de Dios», *Nuevo diccionario bíblico*, Certeza, Buenos Aires, 1991, pp. 372-374.

lingüistas relacionan la raíz del nombre con las acciones de
caer y soplar; de esta forma se alude a las actividades
atmosféricas atribuidas a Dios; por ejemplo, la producción
de rayos y truenos, y el soplar del viento. Otros sugieren que
el nombre se deriva de alguna exclamación cúltica: «Oh El»,
en hebreo: *Yah El*. Aun otros relacionan el nombre con la
etimología hebrea del verbo «ser»; de esa forma el nombre
significaría: «El que existe», «El que es» o «El que ha de
existir».

De acuerdo a Éxodo 3.13-15, Dios mismo revela su nombre. Ante la insistencia de Moisés por conocer el nombre
propio de quien se revelaba al pueblo, Dios le contestó: «YO
SOY EL QUE SOY». Y dirás a los israelitas: «YO SOY me ha
enviado a ustedes». Las frases hebreas también pueden
traducirse como: «Yo soy el que seré (y seguiré siendo)»; «Yo
soy el Ser o Existente»; y «Yo soy el viviente»; algunos
estudiosos piensan que las frases tienen el sentido de: «Yo
soy el que está presente para salvar». Posteriormente, en el
mismo pasaje, el nombre de Dios se identifica con el Dios
de los antepasados, el Dios de Abraham, de Isaac y de Jacob.

El relato de Éxodo es fundamental para la evaluación
adecuada del nombre divino. El pueblo de Israel aprendió
el nombre personal de Dios al tiempo de la liberación de
Egipto. La revelación del nombre santo se relaciona con un
acto heroico de liberación, cuando un grupo de hebreos,
dirigidos por Moisés, salió de la opresión del faraón para
comenzar un peregrinar político y religioso hacia el futuro,
que los llevaría a la tierra prometida. Al momento de
constituirse como pueblo independiente y libre, Israel recibió la manifestación del nombre personal de Dios.

Esa peculiaridad histórica tiene implicaciones teológicas
fundamentales. Cuando el nombre personal de Dios era
utilizado en oraciones, juramentos, alianzas, aclamaciones
y sacrificios, se aludía y se recordaba el origen mismo del

pueblo como nación independiente. Con el uso del nombre divino el adorador y la comunidad israelita evocaban el recuerdo liberador de sus orígenes. Es decir, en el uso del nombre *Yahweh* o *Jehová* se invocaba la presencia liberadora de Dios y se recordaba la razón misma de su existencia como pueblo:

> Así que, si ustedes me obedecen en todo y
> cumplen mi alianza, serán mi pueblo
> preferido entre todos los pueblos, pues toda la
> tierra me pertenece. Ustedes me serán un
> reino de sacerdotes, un pueblo consagrado a
> mí (Éx 19.5-6).

Mencionar el nombre de Dios no era un ejercicio cúltico superficial, ni un acto de memorización irrelevante. Por el contrario, era una invitación a vivir de acuerdo a la vocación recibida por Dios: Israel debía convertirse en un pueblo misionero, una comunidad santa.

Cuando al pueblo de Israel se le ordenan los preceptos éticos de justicia (Éx 23.1-9), y se le requiere manifestar el amor y la solidaridad aun con los más necesitados y discriminados de la sociedad (Dt 15.12-18), se evocaba el acto de liberación de Egipto: «No olvides que también tú fuiste esclavo en Egipto, y que el Señor tu Dios te dio la libertad» (Dt 15.15). De esa forma, la práctica de la justicia y la demostración de solidaridad se relacionan con el nombre divino.

La invocación del nombre de Dios, de acuerdo a los «Diez mandamientos», no puede ser en vano (Éx 20.7), pues el acto supremo de la fe se relaciona con en nombre divino:

> Pero todos los que invoquen el nombre del Señor
> lograrán salvarse de la muerte,
> pues en el monte Sión, en Jerusalén,
> estará la salvación,

tal como el Señor ha prometido
(Jl 2.32).

Yahweh Tsebaot o Jehová de los ejércitos (Jer 5.14; Os
12.6; Am 3.13) es un nombre divino de gran importancia.
Tsebaot es un adjetivo que puede entenderse como plural
regular (p.e., Dios de los escuadrones, o de los ejércitos), o
como una intensificación de la majestad divina (p.e., Dios
absoluto, regio). La palabra transmite la idea de fuerza,
peso, poder. En este sentido el nombre *Yahweh Tsebaot*
describe al Dios que tiene poder absoluto de reclutar para
su servicio.

Los escuadrones reclutados al servicio divino pueden ser
«los ejércitos de Israel» (1 S 17.45); tema que se destaca
particularmente en narraciones relacionadas con el arca del
pacto (2 S 6.2,18; 7.2,8,26-27; 1 Cr 17.7). En la literatura
profética el término *Yahweh Tsebaot* designa la totalidad de
las fuerzas sobre las que domina el Señor; por ejemplo, «las
estrellas del cielo» (Jue 5.20; Is 40.26; 45.12). El nombre
compuesto, además, puede revelar una polémica contra el
culto a las estrellas y contra el ejército de espíritus que se
pensaba les animaban. En este último caso, el nombre
divino destaca el dominio pleno de Dios sobre los ejércitos
de los astros.[13]

Títulos divinos

El título es el reconocimiento de la dignidad de las
personas; además, destaca algún aspecto fundamental del
trasfondo histórico o familiar del individuo, o enfatiza uno
o varios componentes de su misión en la vida.

En el caso de los títulos divinos se ponen de manifiesto
la devoción del adorador ante Dios, y la relación entre el

---

13. M. Rose, *op. cit.*, pp. 1008-1009.

pueblo y su Señor. La gente piadosa escogía los títulos para describir y enfatizar algún aspecto particular de la naturaleza divina o para afirmar algún componente de su voluntad. Cuando los títulos se unen a algún nombre divino, identifican peculiaridades de su carácter o naturaleza.

Baal era el nombre de una divinidad cananea que vino a estar en contacto con el pueblo de Israel, luego del éxodo de Egipto y la entrada a la tierra prometida. Este dios cananeo, al cual se alude en todo el occidente del mundo semita, se describe como dios de los cielos; además, se conoce como dios de la fertilidad, que dispensa la vida y la abundancia en las cosechas. Baal tiene el poder de adivinación y juzga; además, es guerrero y dueño del mundo. En el pensamiento politeísta de la época, Baal era un dios supremo.[14]

En el término «baal» se transmiten, por lo menos, dos ideas básicas: la primera tiene que ver con la propiedad; la segunda, con la soberanía. Un dios llamado Baal es dueño de montañas, fuentes o terrenos, e inclusive de personas. Se conocen baales relacionados con montañas, como demuestra el caso del conflicto de Elías en el monte Carmelo (1 R 18.20-40).

El título «baal» atribuido al Dios del pueblo de Israel alude a la soberanía divina, y destaca, además, las cualidades de propietario de algún lugar o inclusive de personas. Durante el período de los jueces y al comienzo de la monarquía, el título se utilizó con más frecuencia y en algunas ocasiones ha sido traducido como «Señor».

En el nombre de algunas personas se incluyó el título baal: por ejemplo, Meribaal («Baal es abogado»; 2 S 4.4; 21.8), Baalyadá («Baal conoce»; 1 Cr 14.7) y Baalías o Bealya («Yahweh es Señor»; 1 Cr 12.6). Sin embargo, con el tiempo,

---

14. E. Jacob, *op. cit.*, pp. 59-61; J. Day, «Baal», *TABD*, Vol. 1, pp. 547-549.

esas referencias fueron eliminadas para evitar entre los israelitas la confusión teológica: Baal, el dios cananeo, no es *Yahweh*, el Dios israelita. Un claro ejemplo de esta tendencia teológica y literaria puede verse en el cambio del nombre de Isbaal (Hombre de Baal; 2 S 2.8-10) a Isboshet (Hombre de vergüenza o Desvergonzado; 1 Cr 8.33-34). Los profetas Elías y Oseas lucharon tenazmente para superar y evitar ese problema teológico (1 R 18.20-40; Os 2.10,15,19; 13.1).

Cuando en los textos bíblicos se relaciona a *Yahweh* con Baal los fieles manifiestan un sentido profundo de pertenencia al Dios de Israel, y enfatizan sus cualidades de dueño de la tierra y señor de lo creado.

Adonay, que significa «señores míos» o «mi señor» de forma intensiva, ha sido utilizado con mucha frecuencia en el Antiguo Testamento para designar la soberanía de Dios sobre el pueblo de Israel. El término transmite un sentido de reconocimiento de autoridad y superioridad (p.e., describe la relación entre un súbdito y algún monarca); y revela, además, una fórmula de cortesía. Cuando se aplica a Dios, destaca el dominio y la autoridad (Éx 23.17): posiblemente transmite la idea de Señor de toda la tierra o todo lo creado (Miq 4.13). También puede reflejar el superlativo de Dios (Dt 10.17): por ejemplo, Señor de señores.

Como el nombre personal de Dios, *Yahweh*, llegó a ser inefable e impronunciable, *Adonay* le sustituyó en el uso diario, la liturgia y el texto hebreo. Quizás esa sustitución se basó en el énfasis que se dio a la trascendencia divina y en el deseo de cumplir de forma adecuada el mandamiento que hace hincapié en no utilizar el nombre de Dios en vano (Éx 20.7).[15]

---

15. J.M. Obrien, «Adonai», *TABD*, Vol. 1, p. 74; M. Rose, *op. cit.*, p. 1008; E. Jacob, *op. cit.*, pp. 61-62.

La realeza de Dios es un tema fundamental en el Antiguo Testamento. Algunos estudiosos, inclusive, han definido la religión del pueblo de Israel como el reinado de *Yahweh*.

La frase «Dios es rey» transmite las nociones de poder, autoridad, hegemonía y larga duración. Pretendía indicar que los israelitas reconocían únicamente a *Yahweh* como monarca supremo y que los reyes terrenos eran siervos suyos. El título de rey (en hebreo *Melek*) aplicado a Dios expresa la idea de caudillo, príncipe, guía, consejero y líder absoluto del pueblo.[16]

Aunque el título de rey se aplicaba a Dios antes de llegar a Palestina (Éx 15.18; Nm 23.21), a partir de la instauración de la monarquía en Israel se reconoció a *Yahweh* como Rey «Todopoderoso» (Is 6.5) y «eterno» (Sal 29.10). Los salmistas enfatizaron el tema de la realeza divina, tal vez para contrarrestar los monarcas humanos con el «Rey de la gloria» (Sal 24.7-10).

La noción de Dios como padre (en hebreo, *Ab*), que se manifiesta como elemento fundamental en el Nuevo Testamento (Mt 6.7-13), nace en el Antiguo. En la religión cristiana la paternidad divina se manifiesta en el amor; en la fe de Israel, en su soberanía.[17]

Tanto en el libro del profeta Jeremías (3.4; 31.9) como en el de Isaías (63.16; 64.8), se recrimina al pueblo al recordar que Dios ha sido para Israel como un padre. De esta forma se destaca la importancia de la obediencia y se relaciona la paternidad divina con la creación.

La relación paternofilial en Israel se produce en un ambiente de respeto y obediencia (2 R 16.7; Mal 1.6). El empleo en hebreo del título de padre para Dios es una designación de su poder creador y su fidelidad. Esa convicción se manifiesta en varios nombres personales que incluyen el

---

16. W. Zimmerli, *op. cit.*, pp. 41-43; E. Jacob, *op. cit.*, pp. 62-64.
17. E. Jacob, *op. cit.*, p. 64.

título de padre como una confesión de fe: por ejemplo, Abiam (Mi padre es *Yahweh*; 1 R 15.1-2), Abraham (El Padre, Dios, ama; Gn 12.1) y Abner (El Padre, Dios, es luz; 1 S 14.50-51).

Las imágenes de Dios como madre no son frecuentes en el Antiguo Testamento. El entorno patriarcal y masculino, en el cual se gestaron las articulaciones teológicas y las descripciones de las intervenciones del Dios de Israel en la historia, detuvo en gran medida una elaboración más extensa de los componentes femeninos de las acciones y de la naturaleza de *Yahvé*. Sin embargo, algunas porciones bíblicas ponen de manifiesto un interés especial en describir las acciones de Dios de una forma alterna, complementaria y novel.[18]

El libro de Isaías utiliza de forma destacada el lenguaje femenino para presentar las acciones de Dios. El Señor se compara a una mujer de parto (Is 42.14); y, posteriormente, en continuidad con la misma imagen literaria, se indica que Dios no se olvidará de su pueblo, como una mujer no se olvida de las criaturas que dio a luz (Is 49.15). Además, Dios consuela a Jerusalén como una madre consuela a sus hijos e hijas.

A pesar del contexto masculino en que el Antiguo Testamento se formó, algunos autores se percataron que podían

---

18. En torno a este tema véanse las siguientes obras: M.I. Gruber «The Motherhood of God in Second Isaiah», *RB* 90, 1983, pp. 351-359; E.A. Johnson, «The Incomprehensibility of God and the Image of God as Male and Female» *TS* 45, 1984, pp. 441-465; A.L. Laffey, *An Introduction to the Old Testament: A Feminist Perspective*, Fortress Press, Philadelphia, 1988; V. Mollenkott, *The Divine Feminine: The Biblical Imagery of God as Female*, Crossroads, NY, 1983; J. Porter, «The Feminization of God: Second Thoughts on the Ethical Implications of Process Theology», *SLTJ* 29, 1986, pp. 251-260; J.J. Schmitt, «The Motherhood of God and Zion as Mother», *RB* 92, 1985, pp. 557-569; P. Trible, *God and the Rethoric of Sexuality*, Fortress Press, Philadelphia, 1978.

describir adecuadamente las manifestaciones de Dios en la historia con imágenes femeninas. Ese estilo literario hace justicia a la naturaleza misma de Dios; y esa articulación teológica respeta y reconoce las necesidades teológicas básicas de la humanidad.

El Antiguo Testamento es rico en el lenguaje sobre Dios. Los escritores del texto sagrado utilizaron otros títulos divinos para destacar algún aspecto de Dios, que con los títulos tradicionales, no se ponían de manifiesto de forma clara. Aunque son títulos que se usan con menos frecuencia, revelan sensibilidades teológicas importantes.

Entre los títulos adicionales de Dios se pueden identificar los siguientes: El terror de Isaac (Gn 31.42,53), para destacar el temor que inspiraba al patriarca la revelación divina; el Dios de los antepasados (Dios de Abraham, de Isaac y de Jacob; Éx 3.6), para enfatizar no sólo la protección divina sobre las personas y los grupos, sino para subrayar su cercanía e intimidad; y Dios la Roca (Sal 18.3,32,47), que transmite la idea de fortaleza y firmeza. Estos títulos dados al Dios de Israel son imágenes muy sugestivas, de valor incalculable, para el desarrollo de la piedad del pueblo.[19]

En el libro apócrifo o deuterocanónico de Judit se incluye un pasaje de gran valor poético; revela el uso de los títulos de Dios en la demostración concreta de la piedad:

> Porque tu poder no depende del número,
> ni del valor de los hombres tu fuerza.
> Tú eres el Dios de los oprimidos,
> el protector de los humillados,
> el defensor de los débiles,
> el apoyo de los abandonados,
> el salvador de los que no tienen esperanza
> (Jdt 9.11).

---

19. *Ibid.*, p. 65.

Apelativos divinos: santo, misericordioso, justo y celoso

El Antiguo Testamento presenta en los apelativos divinos una serie importante de características de Dios. Mediante una serie de imágenes literarias se describen aspectos éticos, teológicos y morales de la fe en el Dios de Israel. Esas comparaciones metafóricas expresan la grandeza y profundidad de Dios de forma concreta y humana.

La santidad es la característica divina por excelencia. Es una fuerza sobrenatural y misteriosa que brinda a personas y cosas una cualidad particular y destacada. Lo santo representa una manifestación de la fuerza y el poder de Dios; representa la plenitud de la vida.[20]

Dios es santo y requiere de su pueblo santidad. La palabra *kadosh*, que se traduce al castellano como «santo», identifica lo apartado, diferente, separado y consagrado. Denota la esencia divina, pues pone de manifiesto la naturaleza misma de Dios.

Lo santo es el ambiente propio de Dios. Por esa razón, cuando se quiere describir y calificar lo perteneciente a Dios, se identifica con el término «santo». En el ambiente cúltico son llamados santos algunos lugares: Jerusalén (Is 27.13); Sión (Is 52.1), el tabernáculo (Éx 28.43), el altar (Éx 29.37) y el sacrificio (Éx 28.38).

Isaías describió a *Yahweh* en términos de santidad: lo llamó el «Dios Santo de Israel» (1.4; 5.19,24; 10.20; 30.11,15; véanse también 2 R 19.22; Sal 71.22; Jer 50.29). Para el profeta, Dios era la representación máxima de la santidad (6.3). En la fórmula, se revela la fuerza teológica y el valor ético: el Dios santo requiere un pueblo santo (Is 1.10-18).

Esa característica divina fue muy bien entendida por el pueblo, particularmente en círculos litúrgicos. De acuerdo

---

20. E. Jacob, *op. cit.*, pp. 86-92.

al libro de Levítico, las regulaciones de pureza y purificación para entrar en contacto con Dios eran extensas (11—
16). Esas normas intentaban afirmar la importancia de la
santidad en medio de las realidades cotidianas de la vida.

La misericordia es una manifestación concreta y visible
del amor, la gracia y la bondad de Dios; revela la misma
esencia divina. Proviene de su libertad, y pone de manifiesto su compromiso liberador y perdonador con la humanidad (Éx 33.19). Dios es misericordioso, pues demuestra su
amor en actos de liberación y perdón.

Para transmitir de forma adecuada los diversos niveles
del sentido incluidos en la idea de la misericordia divina,
los escritores bíblicos utilizaron giros literarios concretos.
De esa forma, relacionan la misericordia de Dios con ideas
tales como: clemencia, ternura, bondad, compasión y pa-
ciencia (Éx 34.6; Nm 14.18; Dt 4.31; 13.18; Neh 9.17,31). El
Dios del pueblo de Israel es misericordioso, pues es cercano,
cariñoso, amable y sensible.

La justicia es uno de los conceptos teológicos y jurídicos
más importantes en la Biblia. Varias palabras hebreas transmiten el sentido que se manifiesta en la palabra castellana
«justicia».[21] Sin embargo, la significación fundamental de
la idea es compleja. Algunos estudiosos la relacionan con
los siguientes conceptos: conformidad a la norma, fidelidad
a la comunidad, conformidad al orden y rectitud. Sin duda
se trata de un concepto de relación: entre Dios y la humanidad, y entre los seres humanos, debe imperar la justicia.

La justicia es un obrar: manifiesta dinamismo y se revela
en acciones concretas. En ese sentido el Antiguo Testamento afirma que Dios es justo; es decir, no comete injusticias
como la humanidad, cumple las responsabilidades y los
deberes incluidos en el pacto o alianza, y manifiesta su

---

21. Fr. Notscher, «Justicia», *Diccionario de teología bíblica*, Herder, Barcelona, 1967, pp. 542-550.

amor, gracia, rectitud y justicia particularmente hacia los oprimidos y marginados (Sal 103.6).

Dios es justo, porque su ser, actividad y revelación son acordes con su naturaleza divina; es decir, el Dios del pueblo de Israel se manifiesta de acuerdo a su compromiso decidido con la justicia. Ser justo equivale a respetar la dignidad humana en la comunidad. Por esa razón, el robo, la agresión, el engaño y las manifestaciones públicas y privadas de injusticias debían ser eliminadas.

Los salmistas destacaron de forma adecuada esta teología de la justicia de Dios. La gente piadosa reconoce la manifestación de la justicia divina (Sal 31.2-3; 71.2; 119.137), y gracias a esa manifestación, se muestran en la tierra, la vida y la fecundidad (65.6-8; 72.1-3), la victoria (48.11-12; 129.4-5) y el bien (99.4). Dios es justo, pues manifiesta misericordia y fidelidad (116.5; 145.17).

El apelativo «celoso» se atribuye a Dios para indicar inicialmente que el Señor no acepta que su nombre sea profanado, ni que su lugar sea ocupado por otra divinidad (Éx 20.4-5; 34.14).[22] Es celoso porque ama la verdad: compartir su naturaleza divina con otro dios es un acto de idolatría que no hace justicia a la verdad; equivale a negar que el Señor es el único y verdadero Dios.

El celo de Dios no es el acto de inmadurez emocional que afecta a la humanidad y enferma la mente. La afirmación teológica de que el Señor es un Dios celoso significa que su amor por el pueblo de Israel no tolera la rivalidad de otros dioses (Éx 20.5). Cuando el pueblo de Israel adora o sirve a otros dioses, quebranta el pacto que fue sellado luego de la liberación de Egipto (Dt 29.25-28; 31.20).

El estudio del concepto de Dios en el Antiguo Testamento revela varios aspectos teológicos que deben ser destacados.

---

22. G. Sauer, «Celo», *Diccionario teológico manual del Antiguo Testamento*, Cristiandad, Madrid, 1985, pp. 815-820.

Se pone de manifiesto que el Dios del pueblo de Israel no es un Dios aislado, remoto, distante ni misterioso. El Dios bíblico está muy interesado en manifestarse a la humanidad de una forma concreta y comprensible. Las teofanías son demostraciones históricas, de acuerdo a los escritores del Antiguo Testamento, del deseo divino de comunicación.

El análisis de los nombres, los títulos y los apelativos de Dios manifiesta diversos aspectos de su naturaleza y, además, revela las diferentes percepciones de Dios que el pueblo poseía. Por un lado el estudio bíblico descubre un Dios interesado en la comunicación; por el otro, encuentra a un pueblo que no es capaz de describir totalmente la experiencia con Dios a través del lenguaje.

CAPÍTULO 7

Mesías y mesianismo

El tema que enlaza de forma definitiva al Antiguo y al Nuevo Testamentos es el anuncio de la venida del Mesías. En el Antiguo, el tema se presenta como promesa a David y fuente de esperanza al pueblo de Israel (2 S 7.12-16; cf. Is 9.1-7); y en el Nuevo se desarrolla como cumplimiento del Antiguo y, además, es el fundamento teológico de los creyentes en Jesús (Mt 16.16; cf. Mc 8.29; Lc 9.20). En los últimos libros del Antiguo, el tema cobró una fuerza teológica extraordinaria; y en el Nuevo, se relacionó con la vida y obra de Jesús de Nazaret.[1] Aunque el término hebreo «mesías» se utiliza únicamente en dos ocasiones en el Nuevo Testamento (Jn 1.41; 4.25), su traducción al griego, *kristos*, es de uso frecuente (p.e., Mt 2.4; Mc 9.41; Lc 2.11; Jn 1.20; Hch 2.36; Ro 5.6; 1 Co 1.23; 2 Co 3.14; Gl 2.20; Ef 5.23; Flp 1.18; Col 1.27; 1 Ti 1.15; 2 Ti 3.12; Heb 9.28; 1 P 2.21; 1 Jn 5.1; Ap 11.15).

---

1. Entre las obras que estudian el tema del mesianismo debemos identificar particularmente las siguientes: H. Ringgren, *The Messiah in the Old Testament*, SCM Press, London, 1956; C. Westermann, *El Antiguo Testamento y Jesucristo*, Fax, Madrid, 1972; H. Cazelles, *El Mesías de la Biblia*, Herder, Barcelona, 1980; S. Mowinckel, *El que ha de venir*, Fax, Madrid, 1975. De particular importancia es la bibliografía que se incluye en la obra de Cazelles, *op. cit.*, pp. 163-169.

El mesianismo es el tema fundamental que une y divide la iglesia y la sinagoga.[2] Aunque el Mesías es una figura de importancia tanto para el Antiguo como para el Nuevo Testamentos, la identificación de ese personaje adquiere particularidades teológicas diferentes en cada una de esas confesiones religiosas. El Mesías judío es un líder político en la tradición del rey David; Jesús es el Mesías que pone de manifiesto las interpretaciones cristianas del concepto judío. El mesianismo es posiblemente la contribución más destacada del judaísmo a la humanidad;[3] y para los creyentes en Cristo, Jesús es el personaje más importante de la historia.[4]

A la pregunta de Jesús en torno a la identidad del «Hijo del Hombre», el apóstol Pedro respondió con una de las confesiones teológicas fundamentales del Nuevo Testamento: «Tú eres el Cristo, el Hijo del Dios viviente» (Mt 16.16, RV, 1960). Tanto para el apóstol como para la iglesia cristiana, Jesús de Nazaret es el Cristo de Dios, el Mesías esperado, la actualización de las promesas divinas, el cumplimiento de las antiguas profecías. Por consiguiente, es requerido, para la comprensión teológica adecuada del término en el Nuevo Testamento, evaluar la idea del mesianismo en Israel y la teología en torno al mesías esperado de acuerdo al testimonio del Antiguo. En efecto, para el estudio

2. El mesianismo es un tema fundamental para el desarrollo de una teología bíblica que tome en consideración ambos testamentos; G. Segalla, *Panoramas del Nuevo Testamento*, Verbo Divino, Estella, Navarra, 1989, pp. 378-388.
3. J. Moltmann, *The Way of Jesus Christ*, Fortress Press, Minneapolis, 1993.
4. Es quizás el tema del mesianismo el que puede brindar el espacio teológico necesario para el desarrollo de un diálogo judeocristiano fecundo, p.e., fue *Yahvé*, el Dios del Antiguo Testamento, quien resucitó de entre los muertos a Jesús de Nazaret, que era judío; Mottmann, *Ibid.*, p. 3.

del mesianismo cristiano es necesario un análisis de la
«cristología del Antiguo Testamento».

En la actualidad, los términos «mesías» y «mesianismo»
se relacionan con la idea de esperanza. Esas palabras sugieren, en el diálogo diario, una especie de esperanza utópica,
un tipo de futuro mejor que nunca se materializa, un por-
venir quimérico e inalcanzable. En efecto, son términos que
transfieren la esperanza humana a un futuro indetermina-
do. Los conceptos pueden percibirse como la llamada a la
construcción de una sociedad más justa, y al desarrollo de
un estilo de vida auténtico y noble.

De acuerdo a la sociología, un movimiento mesiánico
traduce una agitación colectiva dirigida por un líder extraordinario,[5] que es capaz de liberar al grupo de seguidores
de las leyes opresoras que los cautivan; además, es capaz
de transformar radicalmente las condiciones de vida de la
comunidad. Es un tipo de esperanza que puede sublevar
individuos y poblaciones desesperadas. Algunas veces el
movimiento produce cierta liberación política y social;
generalmente, sin embargo, finaliza con la desaparición del
líder y la dispersión de los seguidores.[6]

La esperanza de liberación que transmite el concepto de
«mesías» se pone de manifiesto inclusive en el libro de los
Hechos de los Apóstoles y también en las obras de Josefo.
Gamaliel, el famoso fariseo reconocido y venerado por el
pueblo como «doctor de la ley», quien, además, fue discípulo del gran rabino Hillel y maestro del apóstol Pablo,
aludió a Teudas y a Judas Galileo como líderes de movimientos populares (de tipo mesiánicos) que no tuvieron

---

5. María Moliner, en su *Diccionario de uso del español*, *H-Z*, Gredós,
   Madrid, 1986, p. 401, expresa que la segunda acepción del término
   «mesías» indica: «Persona existente o imaginaria, de la que se espera
   remedio para una mala situación».
6. H. Cazelles, *op. cit.*, Herder, Barcelona, 1981, p. 16.

repercusiones mayores en la historia (Hch 5.34-37). Josefo, por su parte, identifica varios personajes que sin duda tuvieron pretensiones reales: por ejemplo, Simón, antiguo esclavo del rey Herodes; Atongrés, notable únicamente por su altura y fuerza; y un tal «falso profeta egipcio» (cf. Hch 21,38), el cual se describe como «charlatán» y organizador de ingenuos.[7]

La palabra «mesías» en el Antiguo Testamento

En términos etimológicos, la palabra hebrea «mesías» significa «ungido»; y su traducción al griego, *kristos*, posee también el mismo significado.[8] En particular identifica a un personaje real encargado básicamente del bien de su pueblo.

La acción concreta de ungir en la antigüedad se hacía con aceite. El acto consistía en verter el óleo sobre la cabeza del candidato para otorgar poder, fuerza, autoridad y majestad.[9] El rey es el «ungido» del Señor por excelencia, pues en su entronización recibía la unción, que era símbolo de su disposición de servirle a Dios. Israel, que recibió el modelo de la monarquía de las naciones vecinas,[10] entendía que el rey, como «ungido», entre sus responsabilidades oficiales básicas debía «juzgar» al pueblo (1 S 8.6) y salir al frente de sus ejércitos en campañas militares (1 S 8.20) para «salvarlo» de las potencias extranjeras (1 S 9.16).

---

7. Cazelles, *op. cit.*, pp. 19-20; véase, además, P. Lapide y U. Luz, *Jesus in Two Respectives*, Augsburg, Minneapolis, 1985, pp. 30-33.
8. Kittel, *Theological Dictionary of the New Testament*, Vol. 9, pp. 493-497.
9. El aceite se guardaba en un cuerno (1 S 16.13; 1 R 1.39) o vasija (1 S 10.1; 2 R 9.3,6); Kittel, *Ibid.*, p. 499.
10. El carácter sagrado de las monarquías en el Oriente Antiguo se pone de manifiesto en el estudio de las ideologías reales de los babilonios, egipcios e hititas; véase Cazelles, *op. cit.*, pp. 29-46.

Otras personas ungidas en el Antiguo Testamento son el sumo sacerdote (Lv 4.3,5,16; 6.15; Dn 9.25-26; 1 Cr 29.22); y los sacerdotes (Éx 28.41; 30.30; 40.45; Nm 3.3; Lv 7.36). El texto hebreo alude, además, a la unción de los patriarcas (Sal 105.15) y a la de Ciro, el rey persa (Is 45.1).

La unción no fue una ceremonia de iniciación para los profetas, aunque se indica que se les había conferido el Espíritu y se les atribuía la «unción», tal vez en sentido figurado; el objetivo era destacar la autoridad necesaria para desempeñar el ministerio profético (Is 61.1). De acuerdo al texto bíblico, también se «ungían» columnas (Gn 28.18; 31.13), altares (Éx 29.36; Lv 8.11; Nm 7.1,10,84,88), el altar del sacrificio (Éx 40.10), la tienda del encuentro con Dios (Éx 30.26) y el arca del pacto (Éx 30.26), con sus utensilios y contenido (Éx 40.9; Lv 8.10; Nm 7.1).[11] La unción de los objetos pone de manifiesto el carácter sagrado de lo ungido.

En la Biblia hebrea la palabra «mesías», como sustantivo,[12] se utiliza 38 veces de acuerdo a la siguiente distribución:

1- En el Pentateuco, 4 veces: Lv 4.3,5,16; 6.15;

2- en los Profetas anteriores, 18 veces: 1 S 2.10,35; 12.3,5; 16.6; 24.7,11; 26.9,11,23; 26.16; 2 S 1.14,16,21; 19.22; 22.51; 23.1;

3- en los Profetas posteriores, 2 veces: Hab 3.13; Is 45.1;

4- y en los Escritos, 14 veces: Sal 2.2; 18.51 (=2 S 22.51); 20.7; 28.8; 89.39,52; 105.15; 132.10,17; Lm 4.20; 1 Cr 16.22 (=Sal 105.15); 2 Cr 6.42; Dn 9.25,26.

La mayor parte de las veces el término se encuentra en los libros de Samuel y en los Salmos. Por lo general, la palabra «mesías» identifica a un rey (p.e., Saúl y David).[13]

---

11. Kittel, *op. cit.*, p. 501.

12. Como verbo, la misma raíz hebrea se utiliza en 69 ocasiones; Kittel, *Ibid.*, pp. 497,501-502.

13. Las excepciones son las siguientes: en Levítico se trata de un sacerdote «ungido»; en Salmo 105.15, de los patriarcas; y en 2 Samuel 1.21 se relaciona con el escudo de Saúl.

Y de acuerdo a los textos bíblicos, el término representa a un personaje notable y prestigioso; su oficio manifiesta dignidad y posee mucha responsabilidad; además, es una persona que participa de la santidad divina, pues la unción requiere una relación íntima con Dios. El acto identificaba al rey como legítimo gobernante, en representación divina.

En Israel el rey adquiere una nueva personalidad durante la ceremonia de entronización (p.e., Saúl se convirtió en «otro hombre», luego de la ceremonia de unción y la llegada de «una compañía de profetas»; 1 S 10.6). Durante los actos ceremoniales, el nuevo monarca participa activamente de la acción divina en favor del pueblo; el simbolismo del acontecimiento manifestaba, a los ojos de la comunidad, la autoridad y responsabilidad que Dios le otorgaba al monarca.

En el Antiguo Oriente el aceite era utilizado con mucha frecuencia, pues era signo de salud y bienestar. Los diversos tipos de aceites se usaban para la cocina, la limpieza personal y las unciones; algunos, inclusive, estaban separados para las unciones particulares del rey y la reina. Además de suavizar la piel y relajar los músculos, el aceite confería al cuerpo brillo y resplandor, que se pensaba era similar al que poseían los dioses.[14]

Cuando la ceremonia de unción se practicaba sobre alguna persona, el hecho adquiría una significación extraordinaria, propia y profunda. En el acto de entronización, la unción del monarca era símbolo de la manifestación del Espíritu de Dios. El acto en el cual Samuel ungió a David en presencia de sus hermanos (1 S 16.13), marca el punto en que el Espíritu se apoderó del futuro monarca de Israel «a partir de aquel momento»; posteriormente David venció a Goliat (1 S 17) y organizó un imperio. La unción de Saúl le transformó y le brindó una fuerza extraordinaria que le permitió despedazar bueyes y vencer a sus enemigos. El

---

14. Cazelles, *op. cit.*, pp. 54-56.

acto de la unción simboliza que el Espíritu de Dios llega, cubre y protege al rey, de una forma similar a la que el aceite penetra en el cuerpo, y le da vigor y esplendor.

Una vez que el rey era ungido con aceite, procedía la ceremonia de purificación, en la cual el agua jugaba un papel fundamental.[15] Después se llevaban a efecto los ritos de entronización, los cuales tenían lugar en el palacio. Esos últimos actos eran el símbolo público de la toma de poder y marcaban el momento en que el rey comenzaba a gobernar en nombre de Dios. El rey representaba al pueblo en sus necesidades y aspiraciones, y formaba la unidad que se conoce como «personalidad corporativa»; es decir, la colectividad del pueblo se representaba en la figura del rey.[16]

En los salmos reales se ponen de manifiesto y se celebran varios aspectos de importancia de las ceremonias de entronización: se alude a la filiación divina del rey, y se destacan los aspectos jurídicos y sapienciales de la administración (2; 110); se implora a Dios un gobierno de prosperidad y justicia (72); se exalta la sabia elección de los jueces (101); y referente a las batallas, se agradece el apoyo divino (18), se reclama la presencia de Dios al salir al combate (20) y se agradece la victoria obtenida (21). Otros salmos celebran las bodas del rey (45), recuerdan la elección de la dinastía (89) y afirman la renovación de las fuerzas de la elección davídica de Sión (132). Estos salmos revelan, en sus temas y ceremonias, cómo el Señor llegaba a la figura del rey y le confería sabiduría e inteligencia sobrehumana para gobernar al pueblo de acuerdo a los preceptos divinos.[17]

---

15. Los ritos de unción y los de purificación estaban íntimamente relacionados; por esa razón se proclama rey a Salomón junto a la fuente de Gihón (1 R 1.33-34).
16. H.W. Robinson, «The Hebrew Conception of Corporate Personality» *BZAW* 66, 1936, pp. 49-62.
17. Cazelles, *op. cit.*, pp. 60-61.

El mesías y los mesías

Los pueblos, para articular su cohesión militar, política y administrativa, necesitan líderes que representen sus aspiraciones y les organicen para lograr sus metas. En el Antiguo Oriente esas personas eran consideradas «representantes», «hijos» y «servidores» de las divinidades. En Israel, con el advenimiento de la monarquía, los líderes también eran considerados como «mesías» o ungidos de Dios; y la originalidad del concepto judío, en el entorno del Oriente Antiguo, estuvo en poner de relieve la ceremonia de unción del monarca y vincularla con la acción del Espíritu.[18] La esperanza mesiánica era la convicción de la llegada de un tiempo de salvación, con el advenimiento de un «mesías», rey de la casa de David.

En Israel el rey era considerado como juez, gobernante y líder militar (1 S 8.5,19-20), y «lámpara de Israel» (2 S 21.17; 1 R 11.36; 15.4); además de recibir los títulos tradicionales de ungido, siervo y oficial de asuntos sagrados (2 S 24.25; 1 R 3.4). Sin embargo, es en relación al mensaje profético incluido en 2 Samuel 7 que la figura mesiánica del rey cobra vida, esplendor y sentido de futuro.

Las acciones desafortunadas de los monarcas, la división del reino y los fracasos continuos de los reyes de Israel y Judá llevaron a los profetas y sus seguidores a reflexionar en torno a las formas alternas en que Dios podía actuar en la sociedad y en la monarquía, para establecer la justicia e incentivar la prosperidad nacional. La historia de Israel y Judá, junto a las decisiones concretas de los monarcas, fueron parte del fundamento teológico y práctico para repensar la forma de soñar y crear una comunidad más justa.

A pesar de los desaciertos de los monarcas humanos, los profetas desarrollaron la teología del advenimiento de un

---

18. *Ibid.*, pp. 159-160.

futuro rey, quien establecerá un programa definitivo de justicia y paz (Am 9.11; Os 3.5; Jer 30.9; Ez 34.23-24). Ocasionalmente, inclusive, aluden al lugar del nacimiento (Miq 5.1-5), a su aparición extraordinaria (Is 7.14), a los nombres que ponen de manifiesto sus cualidades fundamentales (Is 9.5-6), a su compromiso con la justicia (Is 11.1-5) y a su misericordia hacia todos los pueblos (Is 11.10).

Algunos profetas (p.e., Isaías, Miqueas y Jeremías), aunque evitaron la palabra «mesías», destacaron la elección de David y su dinastía en el futuro del pueblo. Otros, como Oseas, subordinaron las acciones del monarca y del pueblo a la Ley Mosaica. De acuerdo a esta percepción teológica, el centro de la vida nacional se movió del palacio real al templo de Jerusalén.[19]

En definitiva, los textos bíblicos anuncian un período extraordinario de justicia y paz, cuando surja un mesías del linaje de David capaz de lograrlo. Ese mesías real será llamado, de acuerdo al texto de Reina-Valera: «vástago» (Is 11.1); «renuevo» (Jer 23.5; 33.15; Zac 3.8; 6.12); «sello» (Hag 2.23); «juez» (Miq 5.1); y «siervo» (Is 49.5-6; 52.13; Hag 2.23).

Luego del exilio, con la caída de la monarquía en Jerusalén, la profunda crisis política y militar del pueblo también tuvo muy serias repercusiones sociológicas y teológicas:[20] sin un monarca de la dinastía de David en el gobierno del pueblo, ¿quién sería el «mesías», el ungido de Dios, con la misión de establecer la justicia y salvar la comunidad judía?

Algunos profetas, para responder a la nueva realidad exílica, optaron por identificar como «mesías» a soberanos extranjeros, de quien en realidad dependía políticamente la

19. Cazelles, *op. cit.*, pp. 67-113; Kittel, *op. cit.*, pp. 505-509.
20. S. Pagán, *Su presencia en la ausencia*, Editorial Caribe, Miami, 1993, pp. 33-52.

comunidad (Is 45.1); otros confiaron en la Palabra de Dios dada a los profetas, quienes se constituyeron en herederos del Espíritu vivificador (p.e., Ezequiel); y aun otros esperan un «mesías siervo» que era solidario con los sufrimientos de la comunidad (Is 49.6). Este concepto del mesías profeta se desarrolla con fuerza inusitada en los Cánticos del Siervo del Señor (Is 42.1-7; 49.1-9; 50.4-9; 52.23—53.12).[21]

Algunos textos bíblicos identifican la esperanza mesiánica con la elección y unción de un sacerdote de la familia de Aarón (Is 61.1). Sin eliminar por completo las diferentes alternativas teológicas y políticas preexílicas y exílicas, esta fue una de las tendencias que se impuso al regreso del exilio en Babilonia. Este concepto se constituyó en fuente de esperanza para el pueblo; además, aseguraba la vida de la comunidad, pues en los actos litúrgicos del templo restaurado se celebraba el advenimiento del futuro mesías sacerdotal.

Con la desaparición de la monarquía, los sacerdotes tomaron las riendas del poder en el pueblo judío. El culto se convirtió en centro educativo y en representante de la unidad nacional. Se acentuaron los aspectos sacrificiales del culto, el templo reconstruido se convirtió en el símbolo básico del encuentro con Dios, y los sacerdotes se caracterizaron por ser el ideal religioso de pureza, autoridad y

---

21. Véanse, en torno al tema del Siervo Sufriente o Siervo del Señor, las siguientes obras: C. Canellas, «La figura del Siervo de Yahvé», *CB* 37, 1980, pp. 19-36; C.R. North, «The Suffering Servant: Current Scandinavian Discussions», *Scottish Journal of Theology* 3, 1950, pp. 363-379; H.M. Orlinsky, «"The So-Called Servant of the Lord" and "Suffering Servant" is Second Isaiah», *VT Suppl.* 14, 1967, pp. 1-133; H.L. Ginsberg, «The Oldest Interpretation of the Suffering Servant» *VT* 3, 1953, pp. 400-404; J. Morgenstern, «The Suffering Servant: A New Solution», *VT* 11, 1961, pp. 292-320; A. Riciardi, «Los cantos del Siervo de Yahvé», *Cuad. T.* 4, 1976, pp. 124-128; H.R. Rowley, *The Servant of the Lord, and Other Essays on the Old Testament*, Lutterworth Press, London, 1952; J.L. Sicre, «La mediación de Ciro y la del Siervo de Dios en Deuteroisaías», *EstEcl* 50, 1975, pp. 179-210.

relación con Dios. La esperanza mesiánica, desde esta perspectiva sacerdotal, se caracterizó por la observancia de la Ley, la participación del culto y la figura del sacerdote (cf. Lv 8—9; Ez 40—48; Zac 3.8-9; Mal 2.4-5).

En el período intertestamentario la esperanza mesiánica manifestó dimensiones fantásticas y extraordinarias. La crisis fue tal, que el pueblo perdió la confianza en los líderes políticos y religiosos, y la esperanza en los mesías reales, proféticos y sacerdotales no atraían a la comunidad. La inestabilidad política, y la confusión religiosa y social de este período fueron factores fundamentales para la confusión teológica del pueblo: las numerosas revueltas mesiánicas por lo general terminaban en matanzas y fracasos. En ese entorno social, político y religioso se desarrolló la idea de un tipo de mesías escatológico que vendría directamente del cielo. En efecto, el libro de Daniel presenta la figura del Hijo del Hombre que tiene los siguientes rasgos mesiánicos: revelará los misterios de Dios e instaurará un reino de paz para liberar a los fieles (Dn 7).[22]

Con la manifestación definitiva del mesías se inaugurará una época de bienes y bendiciones en el pueblo. El amor de Dios se revelará en cuidados providenciales, descritos en la figura del Dios-pastor (Sal 23; Miq 4.6-7; Zac 11.7-9). Los creyentes, en ese período mesiánico, podrán participar de la santidad divina (Lv 19.2), que, a su vez, producirá frutos de justicia, conocimiento de Dios y consagración de todo el pueblo (Is 11.9; 32.16; 54.13; 61.6). Y en oposición a la tristeza, los tiempos mesiánicos se caracterizarán por la alegría: es decir, un estilo de vida que ponga de manifiesto lo más noble, grato y bueno de los seres humanos; una felicidad que se manifiesta en cánticos, júbilos, danzas y banquetes (Is 35.10; Jer 33.11; Sof 3.14).

---

22. Culmann, *Christology of the New Testament*, The Westminster Press, Philadelphia, 1963, pp. 115-117.

Finalmente, la paz es el distintivo fundamental de ese período mesiánico: es signo de felicidad absoluta, y revela la ausencia de guerras, enemistades y desorden; es un estado de armonía, justicia y plenitud descrita en la imagen de «convertir las armas de guerra en instrumentos de trabajo» (Is 2.4; Miq 4.3); es «descanso apacible en una tierra amable y buena» (Miq 4.3-4; Sof 3.13); es vida protegida por Dios (Is 9.5; Zac 9.8-10), capaz de disfrutar las cualidades divinas por excelencia (Sal 85.15; 89.15; Is 60.17). En efecto, la paz mesiánica es armonía con Dios, con el resto de la humanidad y consigo mismo (Jer 31.34; 50.20; Is 4.4-5).

La manifestación del mesías traerá una serie de bondades materiales que no deben ser subestimadas.[23] La tierra, que fue creada por Dios como un bien para la humanidad, será transformada en una recreación cósmica extraordinaria: las estrellas brillarán con más fulgor (Is 30.26); desaparecerán la oscuridad y la noche, con sus tinieblas, riesgos e incertidumbres (Is 60.20; Zac 14.6-7); y los cielos antiguos darán paso a unos nuevos (Is 65.17; 66.22). La tierra gozará de una fertilidad inusitada (Am 9.13); los árboles darán sus frutos todos los meses (Ez 47.12); y habrá abundancia de leche (Jl 4.18; Os 2.24) y de vino (Gn 49.11-12). Los grandes monstruos, símbolos temibles del caos y el desastre, serán vencidos definitivamente; y las fieras salvajes serán domesticadas (Os 2.20; Ez 34.25). Se superará por completo la maldición que pesaba sobre la tierra (Gn 1.28-29; 3.17).

En los tiempos mesiánicos los hijos de Israel serán «como las estrellas del cielo» o «la arena de la mar» (Gn 15.5; Os 2.1-2); la gente vivirá durante largos años (Is 65.20; Zac 8.4); y las enfermedades, dolores y calamidades no podrán afectar adversamente a la humanidad (Is 35.5-6). Sión (Jerusalén)

---

23. T.P. Sánchez, *Dios, hombre, Mesías: temas fundamentales del Antiguo Testamento*, Ediciones Dabar, México, 1993, pp. 59-62.

disfrutará de los beneficios mesiánicos: todos los pueblos le llevarán tributos (Is 23.17-18; 60.5-17); sus murallas se construirán con piedras preciosas (Is 54.11-12); y a sus tierras llegarán los judíos exiliados, junto a una gran cantidad de gente piadosa y temerosa de Dios (Jer 31.11-12; Miq 4.2-3; Is 27.13; Zac 14.16-19).

Jesús el Mesías

Un grupo judío de seguidores y discípulos de Jesús de Nazaret reconoció en las acciones, los discursos y los pensamientos de su Maestro, el fundamento adecuado para identificarlo como el «Mesías» anunciado en la literatura hebrea. Al atribuirle el título de Cristo, los primeros cristianos traspusieron a Jesús la esperanza mesiánica que se había gestado en Israel por siglos y que había animado al pueblo judío por generaciones. El contenido teológico que se había articulado a través del mensaje de los profetas, y que se había plasmado en la literatura bíblica y extrabíblica,[24] se relacionó con el ministerio de Jesús. Para ese pequeño grupo de creyentes, los tiempos finales comenzaron con la resurrección de Cristo (Heb 9.26) y fueron confirmados por la destrucción del templo de Jerusalén.

Durante el ministerio de Jesús, el Mesías judío era esperado para liberar al pueblo de Israel de la opresión romana y para instaurar el Reino de Dios de acuerdo a las antiguas promesas hechas a la descendencia de David (Sal 2; 72; 110).[25] Sin embargo, el título de Mesías no fue el predilecto del predicador palestino, tal vez por las implicaciones

---

24. Kittel, *op. cit.*, pp. 509-512; Cazelles, *op. cit.*, pp. 153-157.
25. J.N. Bezancon, *Jesús el Mesías*, EDICEP, México, 1988; I.H. Marshall, *The Origins of New Testament Christology*, InterVarsity Press, Downers Grove, IL, 1990; J. Moltmann, *op. cit.*

estrictamente nacionalistas que tenían sus contemporáneos de ese antiguo concepto teológico y político.[26]

· Aunque la afirmación de que Jesús es el Mesías llegó a su punto culminante en la época apostólica,[27] se pueden identificar en su ministerio una serie de detalles «mesiánicos» de importancia. La suma de estas particularidades misioneras ponen de manifiesto la relación íntima entre el título de «Mesías» y la figura de Jesús:

1) la confesión en el juicio y su petición de reconstruir el templo;
2) la predicación en torno al arrepentimiento y la proclamación del Reino con autoridad;
3) los milagros de sanidades, particularmente la liberación de endemoniados;
4) el reconocimiento de pertenecer a la casa de David y su «entrada triunfal» a Jerusalén;
5) y, finalmente, su sufrimiento.[28]

La teología de Jesús como el Cristo o Mesías de Dios pone de manifiesto la convicción de que en el ministerio del predicador palestino se cumplieron las expectativas mesiánicas del pueblo judío; los creyentes en Cristo descubrieron, afirmaron y celebraron que Jesús era «el que habría de venir».

Jesús fue reconocido como profeta, aceptado como sacerdote y adorado como el Mesías prometido. Ese Mesías

---

26. De acuerdo a O. Cullmann, Jesús mostró reservas en el uso del título «mesías»; inclusive, consideró las ideas relacionadas con el término como satánicas; además, sustituyó «mesías» por «el Hijo del Hombre» y enfatizó el concepto de «siervo»; *op. cit.*, p. 126.
27. Una magnífica interpretación judía en torno a la vida y obra de Jesús puede encontrarse en Lapide y Luz, *op. cit.* De particular importancia en la obra son las razones por las cuales los judíos del primer siglo no podían aceptar a Jesús como Mesías; pp. 45-46; 51-53.
28. Marshall, *op. cit.*, pp. 52-53.

otorga a sus discípulos el Espíritu, y aunque no niega el valor fundamental de la Ley, la interpreta y actualiza a la luz de las nuevas realidades y necesidades del pueblo.

Luego de la destrucción del templo de Jerusalén, Jesús es reconocido como templo de carne (Jn 2.21). Y una vez que fue consagrado por Dios, se consagra a sí mismo como ofrenda pascual (Jn 17.19) y transmite a sus seguidores la consagración conferida en la antigüedad a los sacerdotes aaronitas (Jn 17.17). Como es, según el orden de Melquisedec, rey y sacerdote, el pueblo que se desarrolla a través de su ministerio es un reino de sacerdotes (Éx 19.6), que es dirigido por el Mesías sacerdote y rey.[29]

---

29. Cazelles, *op. cit.*, pp. 161-162.

Bibliografía castellana

I. Introducciones, diccionarios y obras generales

1. *Atlas Bíblico Oxford*, Ediciones Paulinas, Madrid, 1988.

2. J.P. Bagot y J.C. Dobs, *Para leer la Biblia*, Verbo Divino, Estella, Navarra, 1990.

3. G. Báez-Camargo, *Comentario arqueológico de la Biblia*, Editorial Caribe, Miami, 1979.

4. W. Barclay, *Introducción a la Biblia*, CUPSA, México, 1987.

5. R.E. Brown et. al., *Comentario bíblico «San Jerónimo»*, I-V, Cristiandad, Madrid, 1972.

6. G.J. Botterwerck y H. Ringgren, *Diccionario teológico del Antiguo Testamento*, Cristiandad, Madrid, 1977.

7. H. Cazelles, ed., *Introducción crítica al Antiguo Testamento*, Herder, Barcelona, 1981.

8. E. Charpentier, *Para leer la Biblia*, Verbo Divino, Estella, Navarra, 1987.

9. _____. *Para leer el Antiguo Testamento*, Verbo Divino, Estella, Navarra, 1990.

10. M. Chávez, *Enfoque arqueológico al mundo de la Biblia*, Editorial Caribe, Miami, 1976.

11. M. De Tuya y J. Salguero, *Introducción a la Biblia*, Editorial Católica, Madrid, 1967.

12. J.D. Douglass y N. Hillyer, ed., *Nuevo diccionario bíblico*,

Certeza, Buenos Aires, Barcelona y Downers Grove, 1991.

13. P.F. Ellis, *Los hombres y el mensaje del Antiguo Testamento*, Editorial «Sal Terrae», Santander, 1969.

14. J. Drane, *El Antiguo Testamento. La fe*, Verbo Divino, Estella, Navarra, 1987.

15. _____. *El Antiguo Testamento. Los relatos*, Verbo Divino, Estella, Navarra, 1986.

16. C.M. Díaz, *Leer el texto. Vivir la Palabra*, Verbo Divino, Estella, Navarra, 1988.

17. E. Jenni y C. Westermann, *Diccionario teológico manual del Antiguo Testamento*, Cristiandad, Madrid, 1978.

18. H.A. Mertens, *Manual de la Biblia*, Herder, Barcelona, 1989.

19. W.M. Nelson, ed., *Diccionario ilustrado de la Biblia*, Editorial Caribe, Miami, 1977.

20. M. Noth, *El mundo del Antiguo Testamento*, Cristiandad, Madrid, 1976.

21. W.H. Schmidt, *Introducción al Antiguo Testamento*, Sígueme, Salamanca, 1983.

22. J. Schreiner, ed., *Introducción a los métodos de la exégesis bíblica*, Herder, Barcelona, 1974.

23. Ch.F. Pfeiffer, *Diccionario bíblico arqueológico*, Mundo Hispano, Texas, 1982.

24. G. von Rad, *Estudios sobre el Antiguo Testamento*, Sígueme, Salamanca, 1976.

25. A. Robert y A. Feuillet, *Introducción a la Biblia*, Cristiandad, Madrid, 1976.

26. G.E. Wright, *Arqueología bíblica*, Cristiandad, Madrid, 1975.

27. G.E. Wright y F.V. Wilson, *Mapas históricos de las tierras bíblicas*, Casa Bautista de Publicaciones, El Paso, 1980.

II. Teologías del Antiguo Testamento

1. W. Eichrodt, *Teología del Antiguo Testamento, I, II*, Cristiandad, Madrid, 1975.

2. J.J. Ferrero Blanco, *Iniciación a la teología bíblica*, Herder, Barcelona, 1967.

3. M. García Cordero, *Teología de la Biblia, I,II*, Editorial Católica, Madrid, 1970.

4. W.A. Irwin y H.A. Frankfort, *El pensamiento prefilosófico II, Los hebreos*, Fondo de Cultura Económica, México, 1986.

5. E. Jacob, *Teología del Antiguo Testamento*, Marova, Madrid, 1969.

6. H.J. Kraus, *Teología de los Salmos*, Sígueme, Salamanca, 1985.

7. R.A.F. Mac Kenzie, *La fe y la historia*, Ediciones Paulinas, Buenos Aires, 1965.

8. B. VanIersel, *El Dios de los Padres*, Verbo Divino, Estella, Navarra, 1970.

9. G. von Rad, *Teología del Antiguo Testamento, I,II*, Sígueme, Salamanca, 1975.

10. H. Ringgren, *La fe de los salmistas*, La Aurora, Buenos Aires, 1970.

11. H.H. Rowley, *La fe de Israel*, Casa Bautista de Publicaciones, El Paso, 1973.

12. S. Zedda, *La escatología bíblica*, Editorial Paideia, Brescia, 1972.

13. W. Zimmerli, *Manual de teología del Antiguo Testamento*, Cristiandad, Madrid, 1980.

14. P. van Imschoot, *Teología del Antiguo Testamento*, Fax, Madrid, 1969.

III. Historias de Israel y de la salvación

1. B. Andrade, *Encuentro con Dios en la historia*, Sígueme, Salamanca, 1985.

2. S.W. Baron, *Historia social y religiosa del pueblo judío*, I,II, Paidos, Buenos Aires, 1968.

3. J. Briend, *Israel y Judá en los textos del Próximo Oriente Antiguo*, Verbo Divino, Estella, Navarra, 1982.

4. J. Bright, *Historia de Israel*, Desclée de Brouwer, Bilbao, 1970.

5. F. Castel, *Historia de Israel y de Judá*, Verbo Divino, Estella, Navarra, 1984.

6. J.S. Croatto, *Historia de la salvación*, Ediciones Paulinas, Buenos Aires, 1968.

7. R. de Vaux, *Historia Antigua de Israel*, I,II, Cristiandad, Madrid, 1975.

8. _____. *Instituciones del Antiguo Testamento*, Herder, Barcelona, 1964.

9. A. González Lamadrid, *La fuerza de la tierra*, Sígueme, Salamanca, 1981.

10. H. Haag, *El país de la Biblia*, Herder, Barcelona, 1992.

11. S. Hermann, *Historia de Israel*, Sígueme, Salamanca, 1969.

12. I. Kaufmann, *La época bíblica*, Paidos, Buenos Aires, 1975.

13. M. Noth, *Historia de Israel*, Garriga, Barcelona, 1966.

14. X. Picaza, *Para leer la historia del pueblo de Dios*, Verbo Divino, Estella, Navarra, 1988.

15. B.K. Rattey, *Los hebreos*, Fondo de Cultura Económica, México, 1974.

16. R. Reichert, *Historia de Palestina*, Herder, Barcelona, 1973.

IV. Sobre temas específicos

1. L. Alonso Schokel, *La palabra inspirada*, Herder, Barcelona, 1966.

2. _____. *Estudios de poética hebrea*, Juan Flors, Barcelona, 1963.

3. L. Alonso Schokel y J.L. Sicre, *Profetas, I,II*, Cristiandad, Madrid, 1980.

4. J.M. Asurmendi, *Amós y Oseas*, Verbo Divino, Estella, Navarra, 1989.

5. _____. *Ezequiel*, Verbo Divino, Estella, Navarra, 1987.

6. _____. *Isaías 1—39*, Verbo Divino, Estella, Navarra, 1978.

7. G. Auzou, *De la servidumbre al servicio. Éxodo*, Fax, Madrid, 1969.

8. _____. *En un principio Dios creó el mundo*, Verbo Divino, Estella, Navarra, 1976.

9. _____. *La Palabra de Dios*, Fax, Madrid, 1968.

10. J. Briend, *El libro de Jeremías*, Verbo Divino, Estella, Navarra, 1987.

11. _____. *El Pentateuco*, Verbo Divino, Estella, Navarra, 1988.

12. Carlo Buzzetti, *Traducir la Palabra*, Verbo Divino, Estella, Navarra, 1975.

13. F. Castel, *Comienzos (Gn 1—11)*, Verbo Divino, Estella, Navarra, 1987.

14. H. Cazelles, *En busca de Moisés*, Verbo Divino, Estella, Navarra, 1981.

15. _____. *El Mesías de la Biblia*, Herder, Bercelona, 1981.

16. M. Carrez, *Las lenguas de la Biblia*, Verbo Divino, Estella, Navarra, 1984.

17. J.L. Crenshaw, *Los falsos profetas*, Desclée de Brouwer, Bilbao, 1986.

18. J.S. Croatto, *Isaías 1—39*, La Aurora, Buenos Aires, 1989.

19. F. García, *El Deuteronomio*, Verbo Divino, Estella, Navarra, 1989.

20. M. Delcor, *Mito y tradición en la literatura apocalíptica*, Cristiandad, Madrid, 1977.

21. R. Fabris, ed., *Problemas y perspectivas de las ciencias bíblicas*, Sígueme, Salamanca, 1983.

22. M. Gilbert y J.N. Aletti, *La sabiduría y Jesucristo*, Verbo Divino, Estella, Navarra, 1985.

23. A. González, *Profetas, sacerdotes y reyes en el antiguo Israel*, Cristiandad, Madrid, 1962.

24. _____, *El libro de los Salmos*, Herder, Bercelona, 1984.

25. A. González, et. al., *Profetas verdaderos y profetas falsos*, Sígueme, Salamanca, 1976.

26. P. Grelot, *Hombre, ¿quién eres?*, Verbo Divino, Estella, Navarra, 1988.

27. E. Hernando, *La liberación en la Biblia*, EDICABI, Madrid, 1977.

28. *El profetismo en la Biblia*, Fundación Universitaria San Pablo, Madrid, 1975.

29. M. Mannati, *Orar con los salmos*, Verbo Divino, Estella, Navarra, 1988.

30. J.C. Margot, *Traducir sin traicionar*, Cristiandad, Madrid, 1987.

31. J. Mateos, col., *Análisis semióticos de los textos*, Cristiandad, Madrid, 1982.

32. J. Mejía, *Amor, pecado, alianza. Lectura de Oseas*, Facultad de Teología, Buenos Aires, 1975.

33. F. Mezzacasa, *La Biblia habla así*, Editorial «Don Bosco», Asunción, 1982.

34. R. Michaud, *Los patriarcas*, Verbo Divino, Estella, Navarra, 1978.

35. _____. *La literatura sapiencial*, Verbo Divino, Estella, Navarra, 1985.

36. _____. *De la entrada en Canaán al destierro en Babilonia*, Verbo Divino, Estella, Navarra, 1983.

37. _____. *Qohelet y el helenismo*, Verbo Divino, Estella, Navarra, 1988.

38. V. Mora, *Jonás*, Verbo Divino, Estella, Navarra, 1987.

39. L. Monloubou, *Ezequiel*, Fax, Madrid, 1973.

40. S. Mowinckel, *El que ha de venir*, Fax, Madrid, 1975.

41. A. Neher, *La esencia del profetismo*, Sígueme, Salamanca, 1975.

42. E.A. Nida y Ch.R. Taber, *La traducción, teoría y práctica*, Cristiandad, Madrid, 1986.

43. S. Pagán, *Esdras, Nehemías y Ester. CBH*, Editorial Caribe, Miami, 1992.

44. _____. *Su presencia en la ausencia*, Editorial Caribe, Miami, 1993.

45. _____. *Visión y misión*, Editorial Caribe, Miami, 1993.

46. A. Paul, *La inspiración y el canon de las Escrituras*, Verbo Divino, Estella, Navarra, 1985.

47. _____. *Intertestamento*, Verbo Divino, Estella, Navarra, 1988.

48. J.J. Petuchouski, *La Voz del Sinaí*, Desclée de Brouwer, Bilbao, 1984.

49. J. Pixley, *El libro de Job*, SEBILA, San José, Costa Rica, 1982.

50. _____. *Biblia y liberación de los pobres*, CAM, México, 1986.

51. E. Sánchez, *Fe bíblica, Antiguo Testamento y América Latina*, El Faro, México, 1986.

52. Ch. Saulnier, *La crisis macabea*, Verbo Divino, Estella, Navarra, 1985.

53. J.L. Sicre, *Los profetas de Israel y su mensajes*, Cristiandad, Madrid, 1986.

54. _____. *Los dioses olvidados. Poder y riqueza en los profetas preexílicos*, Cristiandad, Madrid, 1979.

55. _____. *Con los pobres de la tierra*, Cristiandad, Madrid, 1985.

56. C. Stuhlmueller, *Isaías 40—66*, Sal Terrae, Santander, 1970.

57. W.R. Scott, *Guía simplificada a la BHS*, BIBAL Press, Berkeley, California, 1993.

58. E. Voth, *Génesis. CBH*, Editorial Caribe, Miami, 1992.

59. C. Wiéner, *El libro del Éxodo*, Verbo Divino, Estella, Navarra, 1988.

60. _____. *El Segundo Isaías*, Verbo Divino, Estella, Navarra, 1978.

61. H.W. Wolff, *Antropología del Antiguo Testamento*, Sígueme, Salamanca, 1975.

62. G. von Rad, *El libro de Génesis*, Sígueme, Salamanca, 1977.

63. _____. *La sabiduría en Israel*, Cristiandad, Madrid, 1985.

APÉNDICE B

Cánones judíos y cristianos del Antiguo Testamento

Biblia hebrea (BH)	Septuaginta (LXX)	Vulgata (Vlg)
Torah	Pentateuco	Pentateuco
Génesis	Génesis	Génesis
Éxodo	Éxodo	Éxodo
Levítico	Levítico	Levítico
Números	Números	Números
Deuteronomio	Deuteronomio	Deuteronomio
Nebiim: Profetas	*Libros históricos*	*Libros históricos*
Anteriores:	Josué	Josué
Josué	Jueces	Jueces
Jueces	Rut	Rut
Samuel (2)	Reinados:	Samuel (2)
Reyes (2)	Samuel (2)	Reyes (2)
Posteriores:	Reyes (2)	Crónicas (2)
Isaías	Paralipómenos (2)	Esdras
Jeremías	Crónicas (2)	Nehemías
Ezequiel	Esdras (4)	Tobías
Los Doce:	**I,IV Esdras	Judit
(=Oseas,	II Esdras	Ester
Joel,	(=Esdras)	Macabeos (2)
Amós,	III Esdras	
Abdías,	(=Nehemías)	
Nahúm,	Ester *(con	
Miqueas,	adiciones	
Jonás,	griegas)	
Habacuc,	*Judit	
Sofonías,	*Tobías	
Hageo,	Macabeos (4)	
Zacarías,	*Macabeos (2)	
Malaquías)	III, IV Macabeos	
Ketubim: Escritos	*Libros poéticos*	*Libros poéticos*
Salmos	Salmos	Job
Salmos	**Odas	Salmos

Ketubim: Escritos	Libros poéticos	Libros poéticos
Proverbios	Proverbios	Proverbios
Rut	Eclesiastés	Eclesiastés
	(=Qohelet)	(=Qohelet)
Cantar de los cantares	Cantar de los cantares	Cantar de los cantares
Qohelet (=Eclesiastés)	Job	Sabiduría
Lamentaciones	*Sabiduría de Salomón	Eclesiástico (=Siracida)
Ester	*Sabiduría de Jesús ben Sira (=Siracida)	
Daniel 1-12	**Salmos de Salomón	
Esdras-Nehemías		
Crónicas (2)		

* Deuterocanónicos o Apócrifos	Libros proféticos	Libros proféticos
** Pseudoepígrafos	Los Doce: (=Oseas, Amós, Miqueas...)	Isaías Jeremías Lamentaciones
	Isaías	Baruc 1—6
	Jeremías	Ezequiel
	*Baruc 1—5	Daniel 1—14
		Los Doce: (=Oseas,
	Lamentaciones	Joel,
	Carta de Jeremías (=Baruc 6)	Amós...)
	Ezequiel	
	*Susana (=Daniel 13)	
	*Bel y el Dragón (=Daniel 14)	

APÉNDICE C

Tabla cronológica del Antiguo Testamento

La siguiente tabla cronológica identifica las fechas de los hechos más importantes de la historia bíblica y destaca algunos de la historia antigua. Identifica, además, las fechas de la actividad de varios profetas. La letra «c» (*circa*) indica que la fecha es aproximada.

El comienzo

Historia antigua		Relatos bíblicos
Período prehistórico	...	La creación
Edad de Bronce Antiguo	3100 - 2200	
Cultura sumeria: Extensión del poderío militar hasta el Mediterráneo	2800 - 2400	Antepasados de *Abraham*, nómadas en Mesopotamia
Egipto: Imperio antiguo: 3100-2100	2600 - 2500	
Construcción de las grandes pirámides: 2600-2500	2500	

Los patriarcas: c. 1850-1700 a.C.

Edad de Bronce Medio	2200 - 1550	
Egipto: Imperio medio: 2100 - 1720	2000	
Mesopotamia: tercera dinastía de Ur: 2100-2000 Primera dinastía babilónica (amorrea): a partir de 1900		Llegada de *Abraham* a Palestina: c.1850
Egipto: Ocupación de los hicsos: 1730-1550	1700	Los patriarcas en Egipto

El éxodo: Moisés y la liberación de Egipto

Edad de Bronce Reciente	1550-1200	

Egipto: Imperio nuevo. Dinastía XVIII: 1550-1070	1500	
Asia menor y norte de Siria: Imperio Hitita: 1450-1090	1300	
Ramsés II: Faraón egipcio: 1304-1238	1250	*Moisés* en Egipto[1]
		Éxodo de Egipto: c.1250/30
		Los israelitas vagan por el desierto
		Moisés recibe las tablas de la Ley en el monte Sinaí
	1220	*Josué* invade Palestina. Conquista y posesión de Canaán. Israel se establece como una Confederación de tribus: c.1230-1220

Período de los jueces: 1200-1050 a.C.

Edad de Hierro I	1200-900	
Egipto: Faraón Ramsés III: 1194-1163		Período de los jueces: 1200-1030
Los filisteos, rechazados por Ramsés III, se establecen en la costa de Palestina: 1197-1165		
	1150	
Mesopotamia: Tiglat-piléser I: 1115-1077		*Débora y Barac* derrotan a los cananeos en Tanak: c.1130
Decadencia de Asiria y nacimionto del reino arameo de Damasco, Rezón rey de Damasco.	1100	*Samuel*, profeta y juez de Israel: c.1040

[1]. Según un grupo considerable de estudiosos modernos, tradicionalmente la figura de Moisés y el éxodo se han ubicado en c.1450 a.C.)

La monarquía[2]: c. 1030 a.C.

	1050	*Saúl*, primer rey de Israel: c.1030-1010
	1000	*David* expande el reino y establece a Jerusalén como su centro político y religioso: c.1010-970
	950	*Salomón* expande el imperio y construye el templo de Jerusalén: 970-931.
	925	Asamblea en Siquem y división del reino: 931

Judá e Israel: el reino dividido: 931-587 a.C.

		Reyes de Israel	Reyes de Judá
Edad de Hierro II	900-600		
Egipto: dinastía XXII 945-725		Jeroboam I: 931-910	Roboam: 931-913
		Se establecen cultos en Dan y Betel	
		Nadab: 910-909	Abiam: 913-911
Damasco: Rey Ben-hadad I	900	Baasá: 909-886	Asá: 911-870
		Elá: 886-885	
Asiria: Asurnasirpal: 883-859		Zimrí: 885 (7 días)	Josafat: 870-848
		Omrí: 885-874	
		Acab: 874-853	
		Actividad profética de *Elías*: c.865	
Salmanasar III: 858-824		Ocozías: 853-852	
	850	Joram: 852-841	Joram: 848-841

2. En la época monárquica la cronología se puede precisar con bastante exactitud, aunque aún en este período los estudiosos pueden diferir en varios años.

		Actividad profética de *Eliseo*: c.850	
		Jehú: 841-814	Ocozías: 841
Samsiadad V: 824-811			Atalía, reina de Judá: 841-835
	800	Joacaz: 814-798	Joás: 835-796
Adad-nirari III: 811-783		Joás: 798-783	Amasías: 796-781
Decadencia de Asiria: 783-745	750		Ozías (Azarías): 781-740
Asiria: Tiglat- piléser III: 745-727. Comienza la política de exiliar pueblos conquistados		Jeroboam II: 783-743	
		Profecías de *Amós* y *Oseas*: c.750	Profecías de *Isaías* y *Miqueas*: c.740
		Zacarías: 743 (6 meses)	
		Salum: 743 (1 mes)	Jotam: 740-730
		Menahem: 743-738	
		Pecahías: 738-737	
Guerra siroefraimita		Pécah: 737-732	Ahaz: 736-716
Israel y Siria luchan contra Judá: 734		Oseas: 732-724	
Asiria: Salmanasar V: 726-722			
	721	Caída de Samaria: Deportaciones, sincretismo religioso: fin del reino del norte	Ezequías: 716-687
Sargón II: 721-705 Senaquerib: 705-681	700		

			Manasés: 687-642
Esarhadón: 681-669 Asurbanipal: 668-621	650		Amón: 642-640 Profecías de *Sofonías*: c.630 Vocación de *Jeremías*: c.627
	625		Josías: 640-609 Reforma religiosa que se extendió hasta Samaria: 622
Babilonia: Nabopolasar: 626-605			Profecías de *Nahúm* c.612 Joacaz: 609 (3 meses)
Destrucción de Nínive: 612			Joaquim: 609-598
Batalla de Carquemis: 605			Profecías de *Habacuc*: c.605
Babilonia: Nabucodonosor: 604-562	600		Joaquín: 598 (3 meses) Sedequías: 598-587 Comienzo de la actividad profética de *Ezequiel*: 593
	587/6		Caída de Jerusalén: 587/6

Exilio de Israel en Babilonia: 587-538 a.C.

Edad de Hierro III	600-300 587/6	Luego de la toma de la ciudad y la destrucción del templo de Jerusalén, líderes judíos son deste- rrados de Babilonia: 587/6

		Guedalías es nombrado gobernador: 587/6

Evil-merodac: 562-559
Indulto de Joaquín: 561
Babilonia:
  Nabónido:559-539
Ciro el persa conquista
  Babilonia: 539		

Época persa, restauración: 538-333 a.C.

Edicto de Ciro: fin del exilio: 538	538	Sesbasar es nombrado gobernador: 538
Persia: Cambises: 529-522		Restauración del altar de los sacrificios: 538
		Construcción del «segundo templo» en Jerusalén: 520-515
Darío: 522-486 Reorganización del	500	Profecías de *Hageo* y *Zacarías*: 520
Imperio Persa: Siria y Palestina forman la 5ª. satrapía del imperio.		Zorobabel nombrado gobernador; Josué, sumo sacerdote:
Persia: Jerjes I (Asuero): 486-465		Misión de *Esdras* en Jerusalén: 458 (428 ó 398)
Artajerjes I Longímano: 465-423	450	Profecías de *Malaquías* y *Abdías*: c.450
		1ª Misión de *Nehemías*. Restauración de las murallas: 455-443
		2ª Misión de *Nehemías*: 432
Jerjes II: 423 Darío II Notos: 423-404		
Artajerjes II Mnemón: 404-358	400	
Artajerjes III Ocos: 358-338 Arsas: 338-336	350	Judea se organiza como un estado teocrático, bajo el imperio persa: c.350

Darío III Codomano: 336-331 Alejandro Magno: conquista a Persia (333) y a Egipto (331)	333	

Época helenística: 331-63 a.C.

Alejandro Magno: 336-323. Luego de la muerte de Alejandro el imperio se divide en dos grandes áreas:			Judea
Egipto: Reino de los tolomeos	*Siria y Babilonia Reino de los seleúcidas*		Judea sometida al poder de los tolomeos 323-197
Tolomeo I Soter: 323-285	Seleuco I Nicator: 312-280	300	Grupos judíos se establecen en Egipto y en Antioquía
Tolomeo II Filadelfo: 285-246	Antíoco I Soter: 280-261	250	Se prepara la traducción de la Ley o Pentateuco en griego (LXX); posteriormente se traducen otros libros del Antiguo Testamento: 250
Tolomeo III Evergetes: 246-221	Antíoco II Teo: 261-246. Seleuco II Calínico: 246-226		
Tolomeo IV Filopátor: 221-205. Tolomeo V Epífanes: 205-180	Antíoco III El Grande: 223-187. Seleuco IV Filopátor: 187-175	200	Judea sometida a los Seleúcidas 197-142
Luego del triunfo de Antíoco III El Grande sobre los tolomeos, Egipto no desempeñó un papel preponderante en la política de Judá. Tolomeo VI Filométor: 180-145	Antíoco IV Epífanes: 175-163. Antíoco V Eupátor: 163-162. Demetrio I Soter: 162-150		Antíoco IV saquea el templo de Jerusalén: 169. Decreto para abolir las tradiciones judías. Se instaura el culto al dios Zeus Olímpico en el templo de Jerusalén: 167

			Rebelión de los macabeos para lograr la independencia judía de los seléucidas: 166-142
			El templo es reconquistado y purificado: 164
			Muerte de Judas Macabeo: 160
	Alejandro Balas: 150-145	150	
Tolomeo VII: 145-116	Demetrio II: 145-138 con Antíoco VI: 145-142		Independencia de Judea; triunfo de la revolución macabea: 142
			Gobierno de los asmoneos: 142-63
	Antíoco VII Sidetes: 138-129 Demetrio II Nicator: 129-125 Antíoco VIII: 122-113 con Seleuco V: 122		Juan Hircano I sumo sacerdote y etnarca: 134-104
Tolomeo IX: 116-109 Tolomeo X: 108-89	Atíoco IX Ciziano: 113-95		
			Aristóbulo I sumo sacerdote, toma el título de rey: 104-103
		100	Alejandro Janeo sumo sacerdote y rey 103-76 sumo sacerdote 103-76

Tolomeo XI: 88-80	Guerras de sucesión: 95-84		
	Tigrames El Armenio: 83-69 Antíoco VIII: 68-64		Salomé Alejandra 76-69
			Aristóbulo II rey y sumo sacerdote: 69-63
	Pompeyo, el general romano, conquista Jerusalén: 63	63	Juan Hircano II sumo sacerdote 63-40
Cleopatra VII, reina de Egipto: 51-31			
Roma conquista Egipto: 31			Herodes rey de Judea: 37-4

Samuel Pagán

Samuel Pagán es ministro ordenado de la Iglesia Cristiana (Discípulos de Cristo) en Puerto Rico, y en los Estados Unidos y Canadá. Su vasta preparación académica incluye maestrías en divinidades y teología, y un Doctorado en Literatura Hebrea del Seminario Teológico Judío de Nueva York. Posee, además, estudios avanzados en arqueología, geografía bíblica y lingüística. Es autor de varios libros y de numerosos artículos en torno a temas de exégesis, teología y traducción de la Biblia.

El Dr. Pagán ha viajado extensamente por Norte, Centro y Sudamérica dictando conferencias, organizando talleres de traducción de la Biblia y preparando traductores de las Sagradas Escrituras. Actualmente es Director del departamento de traducciones de la Biblia para las Sociedades Bíblicas Unidas, con oficinas en Miami, Florida.

Oriundo de Puerto Rico, el Rvdo. Pagán vive en Davie, Florida, junto a su esposa Nohemí y sus hijos Samuel y Luis Daniel.